叢書刊行の辞

二一世紀も一〇年を過ぎた今日、わたくしたちは、如何なる文明の萌芽を見出しているのか。新たな文明を構築せんとしているが、依然として混迷の時代に生きている、これが実感ではなかろうか。過ぎ去りし二〇世紀は、貧困からの解放と物質文明の時代であった。この文明に大きく寄与したのは企業であり、その世紀は物質経済を中心とした企業文明でもある。その企業経営を主な研究対象として成立した経営学は、まさに二〇世紀の学問である。

経営学は現実の経営の世界とともに生き、歴史を刻んできた。これまでの経営が、時代の流れに沿いつつ、ある時には時代の流れに立ち向かってきたように、経営学もまた、時々の経営と相携えながらも、ある時には、時代を生み出す経営の理論化を試み、またある時には、現実の経営の批判を通して時代への問いかけを行ってきた。

このように経営学は、その成立以来、現実の経営の世界からの要請に応えるような形で展開し、その実践的解決に向けて関連する諸分野の知見を統合する学問として時代に応えてきた。日本においては、「骨をドイツに、肉をアメリカに」求めた経営学研究であったが、社会科学を標榜しつつも、基本的には現実の経営の世界からの実践的要請に応え、現実の経営とともに物質文明への貢献をなしてきた。そして、物質の豊かさを謳歌さえすればよかった時代が過ぎた今、わたくしたちには、物質文明の負の遺産を背負いつつ持続可能な社会を実現しうる、二一世紀の新たな文明の構築が求められている。それは同時に、二〇世紀とともに生きてきた経営学の存在を問い直さねばならないということを意味している。

経営学の存在を問い直すこと、それは、これまでの現実の経営がその時代の中で生かされてきた「生活世界」——これは、科学の根源的基盤でもある——に眼差しを向けて経営の存在を問い、そこに経営学を基礎づけ、その歴史を顧みることである。歴史は過ぎ去ってはいるが、今ここに、経営学の現在の基礎として存在する。そして未来も現在のうちにあり、創造しうる未来は関連する過去を契機とするものに他ならない。それゆえに、今ここにあるわたくしたちは、二一世紀という未来への契機となすために経営学の歴史を紐解くことが要請されよう。

このような時機に、二〇一三年に創立二〇周年を迎える経営学史学会は、その記念事業として全一四巻の『経営学史叢書』を刊行することとなった。この『叢書』では、経営学の百有余年の歴史の中で批判を受けながらも今日なお多大な意義を有し、かつ「二一世紀の来たりつつある文明の諸相と本質を見通しうる視野を切り拓く」学説・理論を取り上げる。

各巻の基本的内容は、次の通りである。

（一）　学者の個人史を、時代的背景とともに明らかにする。

（二）学説の紹介には、①学者の問題意識と研究課題、及び対象への接近方法、②学説を支える思想、また隣接諸科学や実践との関連性、③学説の歴史的意義と批判的評価、を盛込む。

（三）学説のその後の展開を示し、二一世紀の課題に対する現代的意義を明らかにする。

『叢書』は、初学者を対象としているが、取り上げる学者の思想に基づく〝深み〟と、実践的広がりに基づく〝豊かさ〟を実現、研究者にも注目される水準を維持することを目指している。

各巻の責任編集者には、学会の叡智を結集する執筆者を選定し、『叢書』刊行の趣旨の理解とその意図を実現する、という多大な要求を求めることになった。本書が経営学史学会に相応しい『叢書』であるならば、それは偏に責任編集者の貢献によるものである。

叢書編集委員会は、単に企画するだけではなく、各巻に「担当者」として委員を配置し、責任編集者と連絡を取り、巻の編集の開始から進捗状況の把握、刊行に至る過程全体に責任を持つという体制をとった。とくに河野大機編集委員長には、叢書全体の調整に腐心をいただいた。その尽力に深く感謝申し上げたい。また、前野　弘氏、前野　隆氏、前野眞司氏はじめ株式会社文眞堂の方々には刊行の全てに渡ってお世話になった。ここに感謝申し上げる次第である。

ますます混迷を深める二一世紀に向けた新たな文明の構築に、この『経営学史叢書』がわずかでも貢献することができれば望外の喜びである。

二〇一一年一一月二〇日

編集統括責任者　吉原　正彦

『経営学史叢書』編集委員会

経営学史学会創立20周年記念

経営学史叢書 X

ドラッカー

Peter Ferdinand Drucker

経営学史学会監修

河野大機［編著］

文眞堂

ピーター・F.ドラッカー（1909-2005）

写真提供者
三戸　公　氏

まえがき

ピーター・ファーディナンド・ドラッカー（Peter Ferdinand Drucker, 1909-2005）は、わが国の戦後において経営や経営者などに最大の影響を与えてきた経営学者たちのひとりである。その著作は、これまでも、これからも、古典である、と評価されている。

ドラッカーは、一九〇九年一一月一九日、オーストリアのウィーンに生まれた。ドラッカー家は、一七世紀にはオランダで宗教書専門の出版社を経営していた。「ドラッカー」とは、印刷職人のことである。父・アドルフは、経済省の高級官僚であり、経済学者でもあって後にノースカロライナ大学で教授をつとめた。母・カロリーネは、銀行家の娘で、同国において医学を専攻した最初の女性であった。

ドラッカーは、一八歳でギムナジウム卒業後、経済的自立をめざして進学せず貿易会社の見習いになり、夜は図書館などで自由に読書三昧にふける日々を過ごした。息子の人生設計に父は失望してしまった。そのような父を喜ばせるために一年三カ月後には、ドラッカーはハンブルク大学法学部に入学することにした。二年後フランクフルト大学に移り、二二歳で国際法・国際関係論の博士を取得した。

一九三三年、ヒトラーが政権を奪取した年に、ドイツの保守政治思想家についてのドラッカーの論文・著書がいずれ発禁処分になる心配が生じた。それを恐れた友人の忠告と自身の決断で、イギリスに逃れた。二年後からはアメリカの新聞や雑誌にも寄稿を始め、さらに二年後アメリカに渡ることにした。そこには、自由で機能する産業社会・企業時代が築かれつつある、と確信したからである。

一九三九年、三〇歳で、ナチズムの起源を分析しファシズムを批判し、約一五〇年間の商業社会の終結を宣言した『経済人の終わり』。三三歳で、次の社会の産業社会を探った『産業人の未来』。この著書の読者であったGM社の幹部から依頼されて同社の経営方針と組織構造を研究した三六歳のときの著書『現代大企業論』ないし『企業とは何か』（原書の表題は『会社という概念』）。これを契機に、企業とその経営についての研究にも精力を集中させることになった。

一九五〇年に、ニューヨーク大学大学院の経営学教授に就任し、産業社会における企業そして労働組合を経済面・統治面・社会面とこれらを相互関連させ統合化した視点から考察した『新しい社会と新しい経営』。五四年には、産業社会・企業時代にふさわしい経営を志向した『現代の経営』（原書の表題は『経営の実践』）。六四年には、企業の経済面のうちで事業面を集中的に考察した『創造する経営者』（原書の表題は『〔事業〕成果経営』）。

一九六九年に、産業社会・企業時代と断絶し多元的組織社会や知識経済に向うとされた『断絶の時代』。そのドラッカー自身も七一年には、クレアモント大学大学院に移ることになった。年金基金の資産価値増大をめざした株式投資によって労働者の社会的所有が浸透しつつあるとした七二年著『見えざる革命』。従来の学問の対象であった行政府や企業のみならず各種経営体の経営の実態とそのあるべき姿も追究した七四年著『マネジメント』（前掲の『現代の経営』に対応し、多元的組織社会・知識経済にふさわしい経営書）。各種経営体における事業や経営の革新をとりあげた八五年著『イノベーションと企業家精神』（前掲の『創造する経営者』に対応し、しかも多元的組織社会・知識経済にふさわしい経営書）。

次の時代への移行期が始まるとされた一九九〇年代以降、九〇年に『非営利組織の経営』、九三年に『ポスト資本主義社会』、九九年に『明日を支配するもの』などを、さらに、二〇二〇年代に本格化するとされた次の時代の知識社会（行政府・企業・非政府非企業経営体・個人によって構成）とそれにふさわしい経営について論述した『ネクスト・ソサエティ』を著わした（この書物は、二〇〇五年一一月一一日にドラッカーが亡くなる前の最後の著書になった）。知識社会への移行に限らず、大きな社会的な変化そのものはすでに生じてしまっているがその影響や結果はまだ現われていないものを、ドラッカーは、すでに起こってしまっている将来と表現した。

以上のような社会や時代の変遷の動因は経済的なものとされた。旧来の社会・時代の中で新しい経済的なものが生長し、旧来の社会制度と対立しつつ、普及することによって、新しい社会が誕生することになった。ただし、知識社会に向けては、知識経済の一層の高度化のみならず、社会的要因も加わるとされることになった（少子高齢化、製造業の地位低下、労働力・雇用形態の多様化など）。

なお、一九七四年著の重要な多くの箇所を抽出して訳出された上田惇生元教授の抄訳書に触発されて、『もし高校野球の女子マネージャーがドラッカーの『マネジメント』を読んだら』という青春小説（従来の根性ものの青春小説とは異なったもの）、（野球部）経営小説を二〇一〇年に岩崎夏海氏が著わし（一一年には売上げ二五〇万部を突破）、それが、翌年アニメ化・漫画化されNHKで放映され、また歌手集団・AKB48を中心に出演者が構成され映画化もされ、さらに、ドラッカー経営研究会が各地につくられた。こうした「もしドラ」現象が生じたのは、岩崎氏の構想や表現力とダイヤモンド社の決断もさることながら、『マネジメント』という知識体系がそもそも、野球部という経営体にも適用でき、さらに各種の経営体にも適用できるものであったからである。

こうしたドラッカーやその経営理論の基本的・全体的な部分を第一章で、商業社会と産業社会の部分を第二章で、組織社会と知識経済の部分を第三章で、多元的組織社会と知識社会と二一世紀の経営課題の部分を第四章で、ドラッカー経営理論の意義を「あとがき」で、それぞれ『経営学史叢書』の本巻においてとりあげていくことにする。

（河野　大機）

目次

叢書刊行の辞 …… i
まえがき …… ix
第一章　ドラッカーの生涯と思想形成
——ドラッカー経営学の哲学的基盤—— …… 1
第一節　ドラッカーの生涯と業績の軌跡 …… 1
第二節　若き日の衝撃——キルケゴールとの出会い—— …… 13
第三節　ドラッカー経営哲学の確立と展開 …… 20
第二章　マネジメントのパイオニア
——産業社会発展への貢献—— …… 32

第一節　産業社会とドラッカー……32
第二節　戦後日本の経済発展とドラッカーのマネジメント……47
第三節　日本における産業社会・企業時代のドラッカーの受容……66
第四節　なぜドラッカーはマネジメントを生み出したのか？……78

第三章　マネジメント（論）の成熟化
——知識活用とグローバル化を中心として——……94
第一節　マネジメント・パフォーマンスの時代へ……94
第二節　労働者と仕事の質的変貌……110
第三節　知識経済における生産性……121
第四節　年金基金社会主義……136

第四章　多元的組織社会と二一世紀の経営課題
——ドラッカー経営学の意義と展望——……155
第一節　多元的組織社会の進展……155
第二節　二一世紀の課題……164
第三節　多元的組織社会の未来……171

あとがき――ドラッカー経営理論の意義――……188

第一章　ドラッカーの生涯と思想形成
――ドラッカー経営学の哲学的基盤――

第一節　ドラッカーの生涯と業績の軌跡

一　生い立ち

「マネジメントを発明した男」「経営学のグルー」と称されるピーター・F・ドラッカーは、一九〇九年一一月一九日オーストリアのウィーンで産声をあげた。父のアドルフは政府の高官、母のキャロラインは医学を専攻した才媛の家庭に生まれ育った。華やかな文化が花開いていたウィーンの地で、ドラッカー家で開かれた知識人を招いてのサロンをはじめ、家庭環境や両親の交友関係による名士との出会いは若きドラッカーに大きな影響をもたらした。両親が長年の知り合いであった高名な心理学者フロイトとの出会いでは、父アドルフは「ピーター、今日という日をしっかり覚えておくんだよ。今会った人はオーストリアで一番偉い人なんだからね。いやヨーロッパで一番偉い人かもしれない」と告げられて、印象深く幼年のドラッカーの心に刻まれたのであった。今に残る有名人のなかにはトーマス・マンやシュンペーターなども含まれた。専門とする分野はまったく異なっていても、その道一流の人間との出会いは何か鋭い刺激を与えたにちがいない。

二　ドイツでの生活

ドラッカーはウィーンのギムナジウムに入学、一八歳で卒業し、両親のもとを離れドイツのハンブルク大学法学部に入学、同時に貿易商社の見習い社員として勤務した。ギムナジウムでの授業の経験は、学業だけの生活にあまり魅力を感じさせなかった。しかし向学心は旺盛で、各国語を学んだり、次節で詳述するキルケゴールを知ってデンマーク語を学び、その思想に深く共鳴することになった。ドラッカーの研究や著書は社会に関するものであるが、社会は個人としての人間から成り立っており、人間についての考え方がキルケゴールによって深く影響を受けることになったのであった。ときに、ドラッカー一九歳であった。

ハンブルク大学からフランクフルト大学に移籍したドラッカーは、二二歳で法学博士号を取得、アメリカ系証券会社を経て有力紙『フランクフルター・ゲネラル・アンツァイガー』に編集記者として勤務、その間ヒトラー、ゲッペルスを取材するなかでその存在の危険性を肌身に感じ、彼らの思想との相克において自らの社会観・人間観を練り上げ、社会に発表する機会を模索することになっていった。一九三三年ドラッカー二四歳、ヒトラー政権掌握の年、処女作『フリードリッヒ・ユリウス・シュタール(1)』を小冊子として上梓した。「保守的国家論と歴史の発展」という副題が付けられた。

シュタール（F. J. Stahl）は、自由を基本理念とするヨーロッパ保守主義を代表する一九世紀ドイツ生まれのユダヤ人法哲学者であった。シュタールを再評価するこの冊子は、果たしてナチスにより、「保守的」という副題で一度は出版が許可されたが、本質が知られて発禁処分にいたった。

ドラッカーはシュタールに沿って議論を進めた。世界は人間を超えた神が歴史を支配し、完全ではありえない人間が、理性だけで世界を説明したり理解したりすることは限界を超えている。長年にわたり歴史の良き産物としての政治・言論・信仰の自由は、これを肯定し守らなければならない。これこそが保守主義の伝統であって、さもなければ、自己破壊と無政府主義か専制政治と独裁へと傾いていく。ドラッカーは最後に、シュタールが誇らしげに語った言葉を紹介して、この小冊子を終える。「引き下がるのではなく、貫き通す」と。

若きドラッカーの信念が表現されている。専制政治と独裁を進めるヒトラーに対する強烈な一撃といえるものであった。必然的にナチスの怒りを買うことを予測して、彼はドイツを引き上げロンドンに逃れた。

三　ロンドン、そしてアメリカへ

ロンドンに移ったドラッカーは、新聞社、投資信託会社に勤務しつつ思索を深めていった。個人的には、ドイツで知り合ったドリスと再会、一九三七年結婚、同年勤務していた会社の顧問としてアメリカに渡った。アメリカでは大学の非常勤講師を務めるとともに、温めてきた構想のもとに、ドラッカー最初の本格著書『経済人の終わり』(2)を発表した。

先に発表した小冊子は、シュタールの生きざまと主張を紹介することによって自らの思想を述べたものであったが、それを温めて思索を深め、保守主義に立つ自らの思想を明確に記述したものであった。ドラッカーの生涯の哲学といえる「自由と機能」において、まさにその生涯変わらざるところの、人間や社会の自由について論じた原点であったと評価することができる。

この書は、社会や人間のあり方を視座に据え、ヒトラー、ムソリーニが強権を確保するなか、その全体主義を、ヨーロッパの根源的な価値である自由を奪うものとして糾弾した書である。われわれは、経営学のグルーとしてのドラッカーの原点に、本書で示される哲学が据えられており、生涯変わることのないものとして一貫した基盤になっていることに注目しなければならない。この原点こそ、ドラッカー経営学の真の魅力であり貢献といえるものである。

四 『経済人の終わり』

この書において、ドラッカーはヨーロッパの保守的価値としての自由と平等を据えながら、いかにしてそれらの価値を蹂躙する全体主義がはびこってきたのかを鋭く分析する。彼によれば、イギリスで培われヨーロッパの現実となっていた当時の人間観のほころびにあった。即ち、「経済人」というあり方の行き詰まりであった。自由放任を基本とする資本主義体制は多くの矛盾を表面化させ、大衆の自由と平等を破壊し、同時に人間存在を「経済人」として捉えることの限界を露呈していた。人間が経済の上で自由にふるまえば、個人にとっても社会にとっても理想的な結末が得られるという考え方が、もはや現実ではないということが明らかになってきたのである。ドラッカー自身、「物質だけが人間社会を規定するという考えは、大変なまちがいであって、物質は人間生存に必要な一つの極にすぎないというのが私の所信である」と同著の「はしがき」でコメントしている。

「経済人」としての生きざまや社会の営みが信頼を失うなかで、矛盾を露呈していた資本主義に代わる社会像が大衆には提示されておらず、いわば大衆が行き場を失い絶望しているとドラッカーは分析する。大衆がよって立つべき、自由と平等を保障する新しい秩序を見出せないがゆえの絶望が支配していると分析する。

このような混迷のなかにあって、マルクス主義が一つの答えを提示しようとした。しかしながら、マルクス主義もまた人間の本性を「経済人」におくものであった。経済や生産における諸関係こそが人間存在における下部構造であって、その他の要素、学問・文化・宗教などを含む人間としての要素は経済的な下部構造によって規定されるという主張であった。しかも、マルクス革命が成立していたソ連の状況は、真の自由を確立するのではなく、抑圧的で封建的な現実を露呈していた。このような社会が社会主義実現の結果であると理解され、来るべき社会の先駆者としてマルクス主義がヨーロッパ大衆の期待を獲得していくことはできなかったのである。

ヨーロッパではこのような混迷の時代にあって、キリスト教会が、果たすべき役割を担うべき立場にあった。しかしながら、この時代のキリスト教会は、社会の解明を行い社会に方向を提示する役割を果たすことができないでいた。むしろ個人的宗教として、個人に私的な避難所を提供することはできたかもしれないが、社会を再生するようなビジョンを提示することはできていなかった。

資本主義も社会主義も、そしてキリスト教会においても大衆が答えを見出せないでいるとき、経済人モデルを超えて、経済的根拠に基づかない社会像を提出したのが全体主義であった。全体主義では、経済的優位にあった階級の処遇は制限され、全体主義に救いを求めた中流や下層階級の処遇が相対的に高まっている。かつて経済的特権の少なかった階級側が命令し、従来の経済的特権階級側がそれに服従するという場面が、ファシスト市民軍、ナチ突撃隊、親衛隊などであからさまに打ち出された。社会的ねたみを解消して非経済的優位をもたせるという、経済人モデルに依らない新しい社会秩序がたてられた。このようにして、ヒトラーの成功は下層・中流階級、農民の支持によるところが大きかった。さらにナチスドイツは、経済的に優位にあったユダヤ人を悪魔の化身として反ユダヤ主義を打ち出し、ドイツ国民に非経済的優位性を抱かせ、全体主義の結束力を演出したのであった。

全体主義は全体そのものを崇高な目的そのものであるとし、社会生活は軍隊的に編成され、経済は国防経済として管理される。全体主義には神がない。そうなると全体主義は超人を発明しなければならない。超人は矛盾をまとめ、邪も正、偽も真、空も実、を成し遂げる魔物としての役割を果たす。魔物としての統括者がヒトラーやムソリーニであり、いわば「英雄人」・カリスマとして君臨する。カリスマを批判し否定したリーダー論・トップ論をドラッカーは後において展開することになったが、その基礎はこのときの経験や認識があったものと考えられる。そのもとでの目的が全体のすべてであって、それに反抗する勢力は悪であり、悪は抹殺することが全体主義の正義である。全体主義はこのようにして、経済よりも優位する目的を新たにつくり出して、資本主義や社会主義による「経済人」モデルに替わる社会像をつくりあげたのであった。秩序なく意味もない社会に耐えるよりは、むしろ全体主義の魔術に加担する道を選んだのが大衆の暗黒の選択であった。「溺れる者が掴んだ藁《わら》」、それが全体主義であったのである。

「経済人」は終わった。それを超えた人間観を確立し、それを可能にする社会秩序とモデルを示すことが、全体主義の魔力を退ける道である。ドラッカーはこの書の最後に問題を明確にする。「経済人の崩壊によって引き込まれた行きづまりから導き出す勢力を見出せるかどうか。あるいは自由で平等な人間の、新しい積極的な非経済的考えに行き当たるまで、全体主義ファシズムの暗黒のなかをさまよいつづけなければならないかどうか。それはこれからの一〇年できまるであろう」と。

ドラッカー自身も、第二次世界大戦を前にした一九三九年の時点ではその解を提出できていない。その解は三年後の著作に待たねばならなかった。

五 『産業人の未来』

『経済人の終わり』は、時のイギリス首相チャーチルの絶賛を得たこともあってドラッカーの名声を高めた。そして、アメリカへ渡っていたドラッカーは、中心的価値である自由と平等、そして機能する社会のモデルをその地で確認する。産業社会モデル、それはそこで社会における位置を確保する産業人によって形成される秩序であった。自由と平等を謳いあげる合衆国憲法のもと、機能的に活動するアメリカ産業社会の現実がそこにあったのである。

人間の本性たる自由・平等を裏切る全体主義を撃破するには、それを批判するだけでは解とはならない。それに代わりうる新しい社会モデルを提示しなければならない。非難や批判に止まらず、社会が受け入れるオルターナティブを提出できるところがドラッカーの凄さである。アメリカでの経験を得て、彼は新しい社会モデルとしての「産業社会」を提示し、そこに生きる「産業人」の存在を構想する。そしてそこに、全体主義に代わりうるものとしての現実と可能性を信じて一九四二年『産業人の未来』(3)を発表したのであった。

いわば、『経済人の終わり』で提起した問題に対する解をこの書で提示したといえるのであって、この二書は対になるものとして理解することが重要である。

この書が示すところは第三節で詳述するが、市民が産業人として大量生産を基本とする株式会社に勤務することによって、経済的報酬を得つつ社会的な地位と機能を実現するばかりか、市民としての安定した地位と責任を担う機会が提供される。俗っぽく表現するとすれば、人間としての「居場所」が提供される。このような産業人を管理し、その処遇と生産性を上げさせるためにはマネジメントが要請されるのであって、その役割に基づく権力には正当性がなければならない。正当性に基づく権力が行使され、市民が産業人として組織され、社会に貢献する産業社会が期待される。自由な社会を保証するとともに、実りを生み出す機能が不可欠となる。

ここにドラッカーの終生変わらざる哲学「自由にして機能する」人間と社会のモデルが据えられることになったのである。

六　企業での経験と著作

このようにして自らの基軸を得たドラッカーは、ベニントン大学、そして後にはニューヨーク大学教授として研究・教育活動を続けていくとともに、行政での経験と、何よりもビッグビジネスの只中に入り込んでその実態を観察しコンサルティングをする機会に恵まれる。一九四三年アメリカ国籍を得たドラッカーに、『産業人の未来』を読んだゼネラル・モーターズ（GM）副会長ブラウンから懇切なコンサルティング依頼があった。大企業を内部から観察する必要性を感じていたドラッカーには、それは願ってもない誘いであった。

大企業における現実を深く観察したドラッカーは、『現代大企業論』(4)を出版した。この書は時のGM会長アルフレッド・スローンの賛同は得られなかったけれども、一般には大きな反響を呼ぶものとなった。ドラッカーはGMでの経験を踏まえて、自由と機能を相乗的に発展させるための方法として、権限委譲、目標管理、分権化などに関心を寄せ、その著書の中で示していくことになる。

企業経営への関心を深めつつ研究を進め、経営学における世界的評価を確立することになった『現代の経営』(5)を発表、「事業の目的についての正しい定義はただ一つしかない。それは顧客の創造である」というショッキングな提示をし、一般に信じられていた事業の目的は最大利潤の確保という考え方を退け、利潤は事業の妥当性を証明し、かつ未来費用保全としての意義を付与したのであった。さらに、ＧＭでの経験から発展させた自己統制による目標管理を明快に提出した。これらの提案は、人間の自由を大切にしつつ、それを機能させ社会に貢献させるというドラッカー哲学に基づくものに他ならない。

続いて、『創造する経営者』[6]、『経営者の条件』[7]を上梓、マネジメントの深みを提示していく。このあたりの著作は、機能する産業社会の実現のために、マネジメントの機能面を強調した著作であるということができるであろう。その間も、人間や社会のあり方に関わる著作も上梓しており、『新しい社会と新しい経営』[8]や『明日のための思想』[9]などが注目される。

一九五九年に初訪日したドラッカーは、多くの講演を行い、日本の経営者と出会い、大きな影響力を残した。同時にドラッカー自身も、戦後の廃墟から立ち上がった日本、そして日本人経営者と日本的経営に大きなインパクトを受け、彼の構想を具体的に実現する可能性に期待を抱くことにもなった。それ以降たびたび訪日して、日本の経営者と親交を深め影響力を強めたのであった。「人間はコストではなく資産である」とする考え方は、労使一体となって事業成果を実現しようとする日本的経営に寄与するところとなった。

七　「産業社会」からの転換

自由にして機能する社会として限りない信頼を寄せてきた産業社会が、必ずしもその実現を期待することのできない現実が社会生態学者ドラッカーの目に映ってきた。産業社会の発展は経済の飛躍的発展という機能は実現させたが、多くの歪みや病理をも発生させていった。企業の経営目標がドラッカーの意に反して利潤の極大を目指す現実、そして産業社会を担う主体的存在としての産業人が組織のなかで責任を回避するという現実、経済人を捨てたはずの人間がまたもや経済人に戻りつつあるがごとき現実から目を背けることは許されなかった。地球環境の破壊や、社会に衝撃を与えるような企業倫理の欠如も、看過できるものではなかった。そこには、社会やその構成員に対する「物見の役割」を与えられたドラッカーが避けて通れない現実があった。それを世界のベストセラーとなった以下のような幾つかの著作で明らかにしていくことになったのである。

『断絶の時代』[10]、そして『断絶の時代』に示された諸事象が二〇年後にそれらが現実となったことを証明することになった『新しい現実』[11]がそれである。『断絶の時代』出版当時には誰にも見えなかった現実の変化を本書で示し、二〇年前に「物見の役割」を果たしていたことを明らかにした。ドラッカーの哲学という文脈で見ていくとするならば、それは企業と行政府を中心にした社会の行き詰まりであった。産業社会の限界を超えて、非企業・非政府（非営利）組織に新たな軸足を置いた多元的組織への展望であった。『マネジメント』[12]においては、多元的社会におけるサービス組織のマネジメントに触れ、数十頁を費やして、その重要性と展開を試みている（なお、本書は企業時代・産業社会において著わされた『現代の経営』の集大成ともいえる）。さらに時を経て、マネジメントの成果を非営利組織に適応すべく、『非営利組織の経営』[13]を上梓し、産業社会を超えた新しい社会モデルにとって重要な役割を果たすべき非営利組織の存在の意義と展開を提示したのであった。

八　変わらざるドラッカー哲学、変わり行く現実

ドラッカーは主として企業が中心的役割を果たすべき産業社会を全体主義に代わるモデルとして構想し、それを支えるべきマネジメントを著作に著してきた。しかしながら、その構想に限界を認め、多元的社会モデルへと見解を改めた。ある意味、ドラッカーの挫折であったかもしれない。

しかし、われわれが注目しなければならない重要な視点は、社会変化に伴って、あるいは人間の現実に沿って、提示するモデルは変更されるけれども、基盤となっている哲学は一切変更されていないという事実である。「自由にして機能する」人間と社会、その実現を求めて物見をし、モデル提示をし、そしてそのためのマネジメントを探求していく一貫性は、決して崩れることがなかったのである。

晩年のドラッカーは、非営利組織の指導に注力した。一九九〇年に設立されたドラッカー財団（The Peter F. Drucker Foundation for Nonprofit Management, 現在は The Frances Hesselbein Leadership Institute）は毎年国際会議を開いて非営利組織マネジメントに関するセミナーと情報交換の機会を提供してきた。会議には一流中の一流といえる講師が招かれ、ドラッカー自身の他、マーケティング論の最高権威といえるフィリップ・コトラー、リーダーシップ論のウォーレン・ベニスなどが登壇しており、非営利組織マネジメントにかけるドラッカーの意気込みが伝わってきていた。

このような見解のなかで、ドラッカーは飽くなき出版を重ね、『イノベーションと企業家精神』[14]、『すでに起こった未来』[15]『ネクスト・ソサエティ』[16]を世に送り出した。

ドラッカーは、決して偉ぶらず、誰に対しても目線を合わせて話す人であった。ロサンジェルスで開催された九〇歳を祝う誕生日パーティで挨拶に立ったドラッカーに、期せずして会場から「More ten years ! More ten years !」の合唱が起こった。ドラッカーはにやりと微笑み、「Ten years ? Enough ?」と応じ大爆笑となった。

二〇〇五年一一月、九六歳の誕生日を目前に、激動の時代を生き抜き多くのものを世界に残して、類まれな巨人はこの世を去った。

第二節　若き日の衝撃――キルケゴールとの出会い――

ドラッカーの著述はほとんど全部、社会に関するものである。その基底にはドラッカーの人間理解が一貫しているけれども、その内容は社会や組織に関わるものとして書き込まれている。しかしながら、唯一ともいってよい例外が論文 "The Unfashionable Kierkegaard," *Sewanee Review*, The University of the South, 1949.（「時流とは異質のキルケゴール」[17]）である。この論文は短いものではあるが、ドラッカーの人生観を理解するうえで重要な位置を占めている。

この論文が公刊されたのはドラッカー四〇歳のときであったが、キルケゴールにその著作を通して出会ったのはハンブルグの貿易商社に勤めていた一九歳のとき、キルケゴールの著作『おそれとおののき』に出会い、自らの人生を左右する衝撃を受けたという。偶然というよりは神に導かれて出会ったと自ら書き残している。運命的な出会いと自身で感じたのであろう。そのころ、ほとんど他国語に翻訳されていなかったキルケゴール著作を読むため、ドラッカーはデンマーク語を学んだ。そして、ドラッカーは別の個所で『おそれとおののき』に出会ったときのことを、「何が起こったかを理解したのは、何年もたってからのことだ。しかし私は、何かが起こったことはただちに知った。人間の実存にかかわるような何か新しい重大な次元に出会ったことを悟った」と、『すでに起こった未来』の「Ⅷ　社会を超えて」の文中に記している。深く掘り下げられた人間観を据え、そのうえに展開されるべき社会を論じるというドラッカーの姿勢を基礎づけていったのである。

一　哲学者キルケゴール

セーレン・キルケゴール（S. A. Kierkegaard）は一八一三年デンマーク国コペンハーゲンで生まれ、一八五五年に没するまで数多くの著書を残した哲学者である。彼の哲学は実存主義の起源と位置づけられており、後にハイデッカー、サルトルにつながるものとされている。わが国でも人気が高く、代表作『死に至る病』はつとに有名である。

キルケゴールはドラッカーと反対に、社会問題とは一線を隔し、時代や社会を超えた個人の問題に関心を集中した。その時代、イギリスでは資本主義の発展過程でさまざまな社会問題を生じ、マルクスやＹＭＣＡを創設したウィリアムズがそれに立ち向かっていた（わが国では明治維新を迎える頃である）。キルケゴールは生涯独身、故国デンマークにあって深く思索を巡らし、多くの著作を世に送った。ただし、生存中にはあまり世間から認められることは少なかった。

キルケゴールによれば、人間とは精神である。その精神が病んでいる状況が絶望であり、それは自己の病、死に至る病である。絶望には三つの場合があって、自分が本源的な生き方をしていないということに気がついていない場合（ドラッカー流にいうとすれば本当の「自由」というものをわかっていない場合）、気がついていてもそれに立ち向かうことなく逃げている場合（フロム流にいうとすれば「自由からの逃走」をしている場合）、そして絶望の現実を理解しているが自己自身の力だけで解決しようとしている場合、である。人間が絶望から脱し、本来の自由な存在を取り戻すために、マルクスの説くような社会制度による救済ではなく、人間は単独者として人生に向き合わなければならないとするものであった。一人ひとりが与えられた特定の状況のなかで、あれかこれかの選択をすることが不可欠であるとした。

キルケゴールは、社会によっては救済されることのない人間存在、人間のあるべき実存の世界を考え抜いた。主体的真理を身につけ、自己の人生を誠実に生きていく人間のあり方を実存とよび、有限なる自己を超えた神との関係を示すなかで絶望からの解放を説くものであった。

二　ドラッカー論文「時流とは異質のキルケゴール」の要旨

もともと西洋における関心の中心は「人間の実存はいかにして可能か」という個人に関わるものであった。しかし一九世紀に入って関心は、「社会はいかにして可能か」というものに変わっていった。その典型はマルクスである。しかし、それによっては、社会制度の革命によって不平等という問題を解決することが、即自由の確立であるというレベルから脱することはできない。

世界は全体主義や共産主義を経験し、社会問題に取り組むだけでは人間の問題は解決できないことを知った。その事実を認識し答えを示そうとしたのは当時キルケゴールだけであった。

キルケゴールによれば、人間の実存は、精神における自己と社会における自己とを同時に緊張関係をもって生きることによってのみ可能である。市民として社会のなかで生きる「時間」と、精神における「永遠」とは、次元が異質である。市民としての自己は社会に貢献し、成功し失敗する。しかし、時間における人間は死んだ後になにも残らない。精神における人間は、独自の単独者として永遠と向き合う。しかし、時間をいくら積み重ねても、時間は時間であって永遠にはつながらない。この矛盾ともいえる永遠と時間、精神と社会のなかで、同時的に生きるという緊張状態においてのみ、人間の真実な存在としての実存が成立する。

一九世紀は人間の進歩に対する楽観主義の時代であった。さまざまな問題は存在しているとしても、やがて理性の光によって問題は解決していくという楽観が支配し、ダーウィンやニュートンの科学が解決の手がかりと信じられた。マルクスも階級なき社会の恒久的達成を提示した。そこには、時間軸の世界が永遠軸につながるという、人間万能の思いがあった。

しかし、無視することのできない厳然たる事実が存在する。それは、社会が解決することのできない、死の問題である。社会のありようによって解決することのできない問題である。死が存在する限り、人間は、時間や社会と異質の次元である永遠や、単独者としての実存に関わらざるを得なくなる。ダーウィンの生物学も助けにはならない。

このような事実に気がつくとき、社会が解決に手を貸してくれない死の問題に、単独な個人として直面する。もはや人間は、楽観的主義に基づく自信を回復することができない。キルケゴールのいう「絶望」に直面する。時間軸にはない永遠軸の問題に直面する。

このような問題に対して、二つの道が社会から提示された。

一つは、全体主義である。全体主義は個人の存在価値を否定し、個人の人生を無価値なものとしてしまう。個人の生命を意味のないものと説得し、意味があるのは全体のための自己犠牲であると強調する。事実、ナチス全体主義がその道を提示した。

もう一つの提示は、ドイツ理想主義に基づくものであった。人間の理性に徳の根拠をおき解決しようとした。人間は倫理的行為によって自己実現を図ることができ、人間の実存を達成することができると考えた。しかしながら、倫理は相対的である。絶対的なものを達成することはできない。それは、高潔性や勇気を与えることができたとしても、生死に対してはいかなる意味も与えることができない。

キルケゴールは、理性や倫理の次元と異なる答えを出す。神において時間と永遠が一体となり、生も死も同時的に意味をもつという信仰的確信である。永遠なる絶対存在への責任と、それに関わる選択という人間の根元的な自由が認識されてくる。

その典型的な人間像は、旧約聖書のアブラハムであり、その息子イサクを神に捧げる物語である。それは、絶対的な神が命じるところ（永遠に関わる）に従うことによって、イサクも救われるという相対的な倫理（時間に関わる）が同時的に達成されるという物語である。ドラッカーが衝撃を受けたというキルケゴール『おそれとおののき』のテーマである。

今日、キルケゴールを真に際立たせるものは、時流の評価と異なり、人間の生きざまにおける実存の意味を強調しているところにある。キルケゴール・ブームによって誇大宣伝されているような、心理学・美学・弁証法に長けているからではない。キルケゴールは容易な道筋を提示したわけではない。しかし、自らの生活と著作を通して、緊張関係に臨むことなしに人間の実存はないことを示した。

キルケゴールは、人間に死ぬ覚悟を与えてくれるばかりでなく、同時に生きる覚悟をも与えてくれるのである。

三　考察

この論文によって、ドラッカーの経営哲学の基盤を知ることができ、彼のマネジメント理論と実践が、深い人間観に基づくものであることが理解できる。先にも触れたように、ドラッカー著書のほとんど全部は、社会に関するものである。しかし、社会が優先し、そのあり方が優れていればよいという立場をドラッカーは取らない。人間の真の希望を確認するためには、社会だけでは十分ではなく、人間の実存にかかわる精神的次元の問題が不可欠であるとする。人間として本当の生き方をサポートする社会のあり方が必要であるとする。そしてドラッカーのこのような見解と哲学は、生涯にわたって堅持されたものであると考えてよいであろう。この論文が、後日の著作、『すでに起こった未来』（一九九三年）・『イノベーターの条件』[18]（二〇〇〇年）にも編入されていることは、生涯一貫した思想上の重要性と普遍性をドラッカー自ら確認する証拠となっている。

われわれは、ドラッカー経営学の深さは、その哲学的・人生論的基盤の上に据えられた理論と実践にあることをあらためて認識しなければならない。ドラッカーの魅力は、意識するかしないかにかかわらず、その基盤の存在に由来していると考えてよいであろう。ドラッカーが『経済人の終わり』で警告した通り、全体主義が影響力を拡大して世界が恐怖した。ドラッカーの洞察は、キルケゴールの説いた「絶望」の結果と重ね合わせることができる。そして、そこから脱出し、人間の希望のためにドラッカーが第二作『産業人の未来』で示した「自由」の概念は、キルケゴールの主張と重なり合っている。ドラッカーのいう人間の本質としての自由は「責任ある選択」であり、それは永遠なる存在に対して「責任」のある意思決定と行動であり、個人が単独者として自らの人生に向き合うことである。ドラッカーの社会や組織に関するビジョン、そしてそれを実現するための理論と実践的支援は、キルケゴールから影響を受けた哲学に基盤を置いていることが理解できる。

第三節　ドラッカー経営哲学の確立と展開

ドラッカー経営学は、単なる技法や手法とは次元が異なる深みをもっている。われわれは、ドラッカーから学ぶことを通して、経営の専門的知識を与えられるばかりか、経営学のあり方にも、自らの人生観や社会観にも大きなインパクトを受けることができるはずである。その中身は、ドラッカーが激動の時代を生き抜き、宗教・哲学、卓越した一流の教養一般などに触れて探求を重ね、主体的に確立してきたものである。われわれもまた、それに学びつつ、自らのものとしての生きざまを確立することを呼びかけられているのではないだろうか。

一　保守主義者としてのドラッカー

当時影響力を拡大しつつあった全体主義を糾弾する狼煙《のろし》ともなった処女論文は、保守主義者シュタールの再評価を意図するものであった。終生自らを保守主義者と規定してきたドラッカーの保守主義とは、ヨーロッパにおける伝統的価値観であった自由・平等を保守するものであった。二四歳の若さでの主張は、生涯ぶれない内容を早くも窺うことのできる内容を備えていることがわかる。

シュタールの主張に重ね合わせ、ドラッカーは永遠で絶対なる真理が世界を貫き、そのなかで人間の自由な行為が基礎づけられているとする。人間は自らの責任で自らの道を選択することが要請されている。このようにして蓄積されてきた、政治の自由、言論の自由、信仰の自由、個人の自由など、制約から解放するという点において発展してきたものを肯定し守らなければならない。このような考え方や秩序を守り発展させることが保守主義であり、正当性の根拠である。

同時に「人間は不完全である」という自覚をもたなければならない。その自覚をもたず自らを完全と見誤るとき、人間の理性、権力を万能とする思い上がりが生じることになり、それは専制や独裁と結びつく危険につながっていく。絶対なるものの存在を認め、自ら主体的に責任ある選択を行いながら、その選択を絶対視しない謙虚な態度が必要となる。原理主義、全体主義の排除が主張されている。

二　自由とは何か

「経済人」の時代が終わり、新しい社会とその秩序は、人間の根元的価値としての自由を支えるものでなければならない。しかるに自由とは何か、先の論文、『経済人の終わり』から引き継いで、ドラッカーは『産業人の未来』において明確な定義を提示する。

ドラッカーは言う。「自由」とは世間一般に思われているような「楽しいものではない」と。自由とは、「責任ある選択である」と。解放ではなく責任である。楽しいどころか、一人ひとりの人間にとって重い負担である。自らの行為、および社会の行為について自ら意思決定を行うことである。そして、それらの意思決定に責任を負うことである。権利というよりもむしろ義務である。自由の基盤となりうるものは、西洋ではキリスト教の人間観しかない。即ち、不完全で弱く、罪深いもの、塵より出でて塵に帰すべきものでありながら、神のかたちにつくられ、自らの行為に責任をもつものとしての人間である。

ドラッカーは続ける。人間は、その本能においても、自由を志向していない。要領さえよければ、選択の負担と責任の重圧から逃げる。人間は生まれながらにして自由であるとの説は、事実に反する。この説と同じように、人間は勝手にさせるならば自由を選ぶとの説も事実に反する。人間は責任ある自由人たるよりも泰平な奴隷たることを好むと論じた（ドストエフスキーが描いた）大審問官の主張が正しい。

ここでわれわれは、ドラッカーも影響を受けたであろうエーリッヒ・フロム（E. Fromm）の主張を想起する。彼は、束縛されない制度や権利を享受することを「〜からの自由」と呼び、ドラッカーの定義するものを「〜への自由」と区別したのであった。そして、人間というものは、「〜からの自由」を獲得し「〜への自由」に進むべきところ、責任ある選択、負担を伴う選択から脱して、「自由からの逃走」をするものであることを論じたのであった。

そのような現実を認めながらドラッカーは主張する。「しかしそれでも、自由こそは人間にとってあるべき姿である」(19)と。

欠けある人間の現実を直視しながら、ドラッカーは自由の可能性を拡大できるようなマネジメントの充実を構築していくのである。

三　社会の機能

個人も社会も機能しなければならない。それでなければ、責任を伴う選択を成果に結びつけることはできない。全体主義を打ち破り、新しい社会をつくりあげることはできない。

人間の自由を破壊する全体主義に代わるモデルを産業社会に見出したドラッカーは、自由の理念のもとに機能する社会のあり方を構想する。産業社会は、大企業を旗手とする産業企業体が社会の基本的な要素として成立している社会である。ドラッカーは、産業企業体のマネジメントを充実させることを通して産業社会が健全かつ機能的に育っていくことをめざす。

そうであるとすれば、社会が機能するということ、産業企業体が機能するということは、その主たる役割である経済制度としての役割を果たすことが不可欠である。経済を絶対視しないものの、重要な要素である。同時に、社会というものは、そこに働く一人ひとりの人間に対して、経済的報酬のみならず市民としての地位と役割を与え、成果への貢献意欲も与えるものでなければならない。また、産業企業体は社会の基本的要素であるとすれば、いわば社会の公器としての自覚が必要となる。社会に衝撃を与えないことはもちろん、社会のために積極的貢献を果たすことが求められる。

このようにして、企業は経済的制度であるとともに、事業や従業員を統治する制度、社会的制度として認識される。そのとき、企業は人間の自由を支え、社会全体を機能させるものとなり、全体主義に代わりうる産業社会という新しいモデルとして現実化される。そして、企業経営を指導し機能させる経営者の役割が重要であり、そのマネジメントに正当性をもたせることが不可欠な課題となる。

四　経済的責任を担う企業とマネジメント

企業が産業社会において基本的な制度であるとすれば、企業の目的も社会のなかにあるのでなければならない。企業の目的は、通説にあるような、自社のために利潤を最大に獲得することではない。妥当な唯一の定義は、「顧客を創造する」ことである。顧客のニーズを充たし満足を提供することである。利益が不要というわけではない。それは、顧客を創造しえたかどうかの判定尺度であり、未来の不確実性リスクを補填する保険として必要である。また顧客をつくりだす規模を拡大する資本を供給するために必要であり、税として政府の諸活動を支える役割も果たす。

顧客を創り出す働きを社会にある機関としての企業目的に据えたうえで、結果としての利潤を位置づけることが必要である。企業とは何か、自社が考える使命・理念とは何かを明確にし、達成すべき具体的な目標を定め、それを実現するための戦略・戦術を有効に構築していかなければならない。企業が経済的業績を達成するための基本的職能は、マーケティングとイノベーションである。そこでは価値や理念とは関係のない科学技術や分析も必要であり、絶えず磨き続けられなくてはならない。企業は、使命や理念に基礎づけられて社会に経済的成果を生み出すことが、取りも直さずマネジメントの第一の責任であり正当性を裏づけるものとなる。その具体的な展開は第二章・第三章によって論述されることになるであろう。

五　人間的責任を担う企業とマネジメント

ドラッカーの経営哲学は人間のあり方を基盤に据えるものであった。必然的に、マネジメントにおいても重視されるところとなる。企業は、個人にとっても社会にとっても、経済的、統治的、社会的機能をはたさなければならない。個人に報酬と安定した位置を与え、責任ある存在として生産的仕事に従事し、達成意欲をもって貢献させるものでなければならない。個人にとっては、勤務する企業は自分の人生の多くの時間を使う場所であり、自らの生の充実を図るべき場所となる。それゆえ、マネジメントは、個人の自由を支え、なおかつその機能性を発揮させるべく計画されなければならない。機械でできることは機械に任せ、人間でなければできないことを、それぞれの強みを引き出して自主的に責任をもって貢献することができるようにしなければならない。

そのようなマネジメントの一例は、『現代の経営』において提唱された「目標管理」にもみることができる。個人が自らの目標を自主的かつ前進的に計画し、上層部とのキャッチボールを行いながら組織目的との整合性のなかで位置づけ、実践し評価することによって、個人と組織との成長を目指そうとするものである。また、「分権管理」も同じ文脈にあり、個人に責任ある権限を与えることにより、個人の自主と責任を引き出し、自由と機能の同時的発展を期そうとするものである。現在、「目標管理」はわが国ではほとんどの大企業で採用されているし、「分権管理」も例えば事業部制などによって広く実践されているところである。わが国で初めて事業部制を採用した松下幸之助とドラッカーとの類似性が指摘されるのも、企業に対する意識やマネジメントの方向が重なり合うことによるのであろう。

ドラッカーは企業における個人を決して甘やかそうと意図しているのではない。上層部にいたずらに服従するという態度ではなく、一人ひとりが意欲と責任をもって貢献し成果を上げることを意図している。いわば経営者的態度をもち、しかも労働者としては組合活動を通して経営の方向性を監視する「健全なる野党」としての役割を期待している。

このような企業は、経済機能を超えた機関であることは明らかであって、ドラッカーはそれを工場共同体（plant community）と呼んで、一時は自身の最も大きな貢献であると自覚するまでになった。一九五九年の初来日後、日本的経営と呼ばれるものが共同生活性を特徴とし、それを通して戦後の経済発展を可能にしてきた現実を見て、日本に大変興味をもち、度々来日するようになったことは決して偶然ではない。日本的経営には、階層を問わず「わが社」意識のある工場共同体を髣髴させる環境が存在していたのである。

このような企業が産業社会の構成要素であるとすれば、そこに参加できない失業者は社会からは退《の》け者になっているということになり、社会全体としての問題となる。長期にわたる失業は、社会保障で賄えるという性格のものではなく、社会の一員としての自尊心や位置を失わせることにつながる。市民が産業社会の構成員として、主体的に関わり貢献することができるようマネジメントされることが眼目であり、そこに自由と機能とが相乗的に拡大する産業社会が期待されている。

六　社会的責任を担う企業とマネジメント

企業が産業社会の主役としての機関であるとすれば、組織内の成果を超えて社会一般に対する責任も自覚されなければならない。企業は社会のなかにいて、地域の隣人とならなければならない。企業は株主のものであり、利潤の最大化だけが企業の目的であるとする、フリードマンのような見解にはくみしえない。

ドラッカーは、当然のこととして社会に衝撃を与えることをしてはならないと警告する。それは責任を無視することであり、多くの場合社会から非難を受け自らにとっても高い代償を払わされることになる。企業のトップがメディアの前で頭を下げるような光景は、企業の社会的信用を失うのみならず、構成員にとっても恥ずかしい思いにさせられ貢献意欲を減退させることにつながる。

社会的責任については、法規などで強制されているのでもないのに、積極的に社会に貢献する態度が望ましい。その企業にとってふさわしい機会は多様に見つけることができる。例えば、社会的問題を事業の機会として取り上げることである。公害防止機器の開発、難病治療薬の開発、高齢労働者の技能を活かせる雇用、などが例示される。森林保護活動、地域清掃やコミュニティ活動、社員との共感によるマッチングギフト、ボランティア活動支援など、枚挙にいとまのない活動が見つけられる。このような積極的活動を通し、企業は社会一般からも好意をもたれ、同時に構成員の誇りと貢献意欲を醸成することにつながる。

もちろん、自己の能力を超えた社会的問題には踏み込むべきではない。失業問題解決のために過大な雇用を行うこと、地域の居住環境改善のため過大な寄付提供やボランティア派遣を行うこと、などが例示される。社会には貢献できたかもしれないが、自社の事業そのものが揺らぐような貢献は本末転倒であり、例えば行政の仕事に企業としての限界を超えて踏み込んではならない。各企業は、自己の強みを活かした事業を通して社会的責任を担うことが第一の責任だからである。

七　経営者の責任

このようにしてドラッカーは、自由と機能を保証することのできる企業活動を主たる担い手とする産業社会を構想する。それを現実のものとするためには優秀なマネジメントが不可欠である。それは取りも直さず、マネジメントを一義的に担う経営者の資質が重要である。

ドラッカーは、彼の代表作の一つである『マネジメント』においてその最終部「結論」で経営者の責任を熱っぽく語る。現代社会は組織社会となった。組織のトップが社会の指導的役割を果たすのであり、マネジメントを正しく行うことが社会から要請されている責任である。所有と経営が分離した今、経営には正当性が要求される。それは、本節で示したように、企業をはじめとする組織体が、一、組織の事業分野に従って業績を上げること、二、個人の自由を確保し、強みを引き出して主体的な貢献力を発揮させること、三、社会一般や地域のために貢献すること、を可能にするようにすることである。これを担う能力が、マネジメントという「知識」であり、同時に経営者の高潔性（integrity）である。資質においてこれに欠ける人物だけは経営トップに起用してはいけないとドラッカーは強調する。integrity の訳語は「統合」とも解される。三つの課題を、相乗的に発展させることの能力である、と筆者は解したい。ドラッカーの経営理論は、道徳論・倫理論や価値論の上に展開されている。ドラッカーのマネジメント体系は、客観的な科学の次元を超えていることに注目すべきである。

産業社会の構想は後年、ドラッカーの期待に欠く現実を露呈することになった（この現実は第四章で詳述される）。しかしながら、ドラッカーの「自由と機能」を掲げる経営哲学は生涯いささかもぶれることなく基盤に確固として据えられ、その上に社会の現実に応じて変革していくドラッカー・マネジメントが展開されているのである。

（島田　恒）

注

（1）Drucker, P. F., *Friedrich Julius Stahl*.『フリードリッヒ・ユリウス・シュタール』（ダイヤモンド社編集部訳『ハーバード・ビジネス・レビュー』三四巻一二号、二〇〇九年一二月。）

（2）Drucker, P. F., *The End of Economic Man*, John Day, 1939.（岩根忠訳『経済人の終わり』東洋経済新報社、一九六三年。）

（3）Drucker, P. F., *The Future of Industrial Man*, John Day, 1942.（岩根忠訳『産業にたずさわる人の未来』東洋経

済新報社、一九六四年。田代義範訳『産業人の未来』未来社、一九六五年。上田惇生訳『産業人の未来』ダイヤモンド社、一九九八年。）

（4）Drucker, P. F., *Concept of the Corporation*, John Day, 1946.（下川浩一訳『現代大企業論』未来社、一九六六年。）

（5）Drucker, P. F., *The Practice of Management*, Harper & Row, 1954.（野田一夫監修・現代経営研究会訳『現代の経営』ダイヤモンド社、一九六五年。）

（6）Drucker, P. F., *Managing for Results*, Harper & Row, 1964.（野田一夫・村上恒夫訳『創造する経営者』ダイヤモンド社、一九六四年。）

（7）Drucker, P. F., *The Effective Executive*, Harper & Row, 1965.（野田一夫・川村欣也訳『経営者の条件』ダイヤモンド社、一九六六年。）

（8）Drucker, P. F., *The New Society*, Harper & Row, 1950.（現代経営研究会訳『新しい社会と新しい経営』ダイヤモンド社、一九六〇年。）

（9）Drucker, P. F., *Gedanken für die Zukunft*, Econ Verlag GmbH, 1959.（清水敏允訳『明日のための思想』ダイヤモンド社、一九六〇年。）

（10）Drucker, P. F., *The Age of Discontinuity*, Harper & Row, 1969.（林雄二郎訳『断絶の時代』ダイヤモンド社、一九六九年。）

（11）Drucker, P.F., *The New Realities*, Harper & Row, 1989.（上田惇生・佐々木実智男訳『新しい現実』ダイヤモンド社、一九八九年。）

（12）Drucker, P.F., *Management*, Harper and Row, 1974.（野田一夫・村上恒夫訳『マネジメント』ダイヤモンド社、一九七四年。）

（13）Drucker, P. F., *Managing the Nonprofit Organization*, Harper Collins, 1990.（上田惇生・田代正美訳『非営利組織の経営』ダイヤモンド社、一九九一年。）

（14）Drucker, P.F., *Innovation and Entrepreneurship*, Harper & Row, 1985.（上田惇生他訳『イノベーションと企業家精神』ダイヤモンド社、一九八五年。）

(15) Drucker, P. F., *The Ecological Vision: Reflections on the American Condition*, Transaction Publishers, 1993.(上田惇生他訳『すでに起こった未来』ダイヤモンド社、一九九四年。)

(16) Drucker, P. F., *Managing in the Next Society*, St. Martin's Press, 2002.(上田惇生訳『ネクスト・ソサエティ』ダイヤモンド社、二〇〇二年。)

(17) この論文の邦訳は清水敏允による。ドイツ語によって書かれたものから翻訳され、『明日のための思想』(ダイヤモンド社、一九六〇年)の最終章「現代に見捨てられたキェルケゴール」として初出している。上記一九九四・二〇〇〇年のものは、上田惇生他により「もう一人のキルケゴール」と訳されている。キルケゴールの主張するところは当時ブームとなっていたキルケゴール理解(時流の理解)、とは異質のものである、というドラッカーの見解を表現すべく、筆者はタイトルに新しい訳をつけた。

(18) Drucker, P. F., *The Essential Drucker on Society*, 2000.(上田惇生編訳『イノベーターの条件』ダイヤモンド社、二〇〇〇年。)

(19) この前後のドラッカーの主張は、主として『産業人の未来』*The Future of Industrial Man*, John Day, 1942.(上田惇生訳『産業人の未来』ダイヤモンド社、一九九八年)に依っている。

第二章　マネジメントのパイオニア
――産業社会発展への貢献――

第一節　産業社会とドラッカー

一　新しい社会の建設に向けて

処女作『経済人の終わり』（一九三九）においてファシズム・全体主義の根源に迫ることによって、ドラッカーは市場を中核とする経済至上主義社会の登場とその破綻を明らかにした。書名はかかる社会において理念とされた人間モデル「経済人」がもはや通用しない、即ち経済至上主義の終焉をずばり宣言したものにほかならなかった。本書は「政治の書」であったが、彼の最大の関心事は人間にとっての本質にして理想即ち「自由の実現」にあり、そしてそのための社会のあり方にあった。つまり本書は単なる「政治の書」ではない。後にドラッカー自身も語っているように「政治と社会の書」であり、根本的な視点は人間と社会のあり方に据えられている。ファシズム・全体主義批判の底流をなすのは、旧来の秩序の破綻により、社会の一体性とそのコミュニティが崩壊の運命にあるという危機意識である。したがって、これからこの人間の生きる社会をいかにしていくのか、どうすればいいのかが自ずと問われざるを得ない。ここに彼は、続く書として「社会の書」『産業人の未来』（一九四二）を著すのである。

「経済社会（経済人）の時代が終わって、これから産業社会（産業人）の時代がはじまる。」まさに両著は前編と後編をなすワンセットの関係にある。前編たる『経済人の終わり』は社会把握の手法としての経済学の限界を宣言したものともいえるが、後編たる『産業人の未来』はそれに替わる新たなアプローチを模索したものともいえる。彼自身をして「もっとも野心的な本」といわしめているように、その筆致は新たな社会への構想として生き生きと力強いものとなっている。即ち来るべき産業社会（産業人）への転換に向けて新しい理念が提示されているが、のみならず本書は社会に関する基本的な理論書としての性質をも有している。「自由な社会」が論じられるとともに、そもそも「社会とは何か」が機能面から理解され、それによって新たな産業社会のゆくえが指し示される展開となっているのである。

ドラッカーによれば、「自由な社会」が成立するために必要なのは、①政治的な自由の確保、②社会領域での市民個々による自由な意思決定の確保、③自治（自己統治）の実現、④政治的な統治と社会的な秩序との分離、である。そして「機能する社会」即ち社会が社会として機能するために必要なのが、「社会の一般理論」なる以下の二要件である。①一人ひとりの人間に社会的な地位と役割を与えること、②社会上の決定的権力が正当であること、である。社会が機能するためには新たな産業社会の現実、即ち代表的な組織現象である「大量生産工場」と「株式会社」において、この二要件を充たさなければならない。労働者が働く場たる「大量生産工場」では、生きた人間として彼ら一人ひとりに社会的な地位と役割を与えてやらなければならない。産業社会の決定的権力を有するにいたった「株式会社」では、その経営陣の存在を正当なものとしなければならない。ところが実際はどうか。「大量生産工場」では労働が機械制生産システムに適合すべく標準化・代替可能化され、労働者はあたかも機械の一歯車のようになってしまい、自らの地位や役割を得るどころか人間としての個性さえも失ってしまっている。もう一方の「株式会社」は本来私有財産を土台とする制度として権力を有していたが、「所有と支配（経営）の分離」により所有者たる株主の手を離れ、それ自体が権力を有する自律的な存在として行動している。ここにおける意思決定者即ち経営陣は、社会的に認められた権力基盤に立っていない。これら二要件を充たしていくことこそが、新しい産業社会建設に向けて取り組まねばならない課題となるのである。

かくしてドラッカーは、新たな産業社会への強い期待を込めて結んでいる。自由で機能する社会を実現する唯一の方法は、企業を自治的な共同体（コミュニティ）へと発展させることである。産業社会が機能するのは、企業がそのメンバーに対して、社会的な地位と役割を与えるときのみである。そして産業社会が自由たりえるのは、企業内の権力が、そのメンバーによる責任と意思決定を基礎とするときのみである、と。

もとより産業社会への期待は、ドラッカーのみのものではない。広義にいう産業社会とは、産業革命以降の機械制大工業の社会を指すが、工業化（テクノロジー）の進展による社会展開への注目は、アダム・スミスやサン・シモン、コントら経済学や社会学のはじまりからあった。総じてそれら産業社会論の問題意識は、産業や科学は人間社会に秩序ある平和と豊かさをもたらすというものである。科学技術の発展から生産が拡大することによって、生産物を軍事的に争奪しあうゼロサム社会は終焉していくのであるから、産業・生産を積極的に振興すべきである。そして財とサービスの拡大を通じて社会を豊かにし、福祉の向上をめざす、とするのである。ヨーロッパにはじまる産業社会論は、社会進化論について独自の受容を果たしたアメリカでさらに発展していくことになる。互換性部品によるアメリカ式製造方式が登場し、機械制大規模工場生産即ち第二次産業革命といわれる大量生産体制が確立していく。それらを背景に、ヴェブレンやメイヨーをはじめとする諸論者によって産業社会への問題意識はより強められていった。

ドラッカーが新天地アメリカへ移住したのは一九三七年であったが、バーリ＝ミーンズ『近代株式会社と私有財産』（一九三二）での指摘をはじめとして、すでにアメリカ資本主義が新たな段階に達していたのは周知の事実であった。独占的な巨大企業を中心とする段階、いわゆる大企業体制としての企業社会の到来である。当時そこには、これら巨大企業の存在によって、自由の国アメリカで個人の自由が損なわれるのではないかという、深刻な社会的危惧があった。市場を席巻する独占的巨大企業と、かかる企業体での所有にもとづかない支配権力の確立によって、個々人の自由な経済活動は脅かされ、また私的所有権も有名無実化してしまうのではないかという危惧である。しかし、ドラッカーは『産業人の未来』において、来るべき自由な産業社会の構築に向けてアメリカに多大な期待を寄せている。産業社会論の系譜としてみれば、ドラッカーのそれは第二次世界大戦中における戦後社会の構想としてのものである。戦後社会を「自由で機能する社会」たらしめるための産業社会、その旗手としてのアメリカという位置づけである。巨大企業をいかにとらえるかという問題をめぐって社会が揺れ動いていた時期、ドラッカーの目もまた、アメリカ産業社会の担い手としての巨大企業へと強く向けられていった。もとよりドラッカーの企業へのアプローチは、「望ましい社会実現のために、企業はいかにあるべきか」ということにあり、「社会から企業」を見る目であった。この時点ですでに彼の問題意識は、今日の経営学でいえば「企業と社会」(Business and Society)にあったといえる。

一般に「企業と社会」のはじまりとして認知されているのは、古くはシェルドン『経営のフィロソフィー』(一九二四)であり、その後本格的な研究としてボーエン『ビジネスマンの社会的責任』(一九五三)、マグガイア『企業と社会』(一九六三)などがつづいた。また、ハーバードにおけるコールらの企業者史研究は一九四〇年代後半から一〇年ほど行われたが、そこでの主題も「企業と社会」にあったといえる。経営学上の大きなテーマとして「企業と社会」研究が本格化しはじめるのは一九六〇年代以降のことであるが、ドラッカー経営学は誕生前の胚胎期からすでに「企業と社会」を主たる問題意識としていたのである。とはいえ、この時点ではまだドラッカー経営学は誕生していない。おりしも個別企業の視点に立って、「企業から社会」をとらえる画期的な機会が訪れる。アメリカを代表する巨大企業ＧＭ内部調査の依頼が、ドラッカーのもとに舞い込んだのである。二年間にわたるその成果をまとめたのが、『企業とは何か』（一九四六、原題は『企業の概念』）であった。かくして「社会から企業」「企業から社会」という双方の視点を併せもつドラッカー経営学が、ここに誕生するにいたるのである。

二　新しい社会における企業

「政治と社会の書」、「社会の書」につづく第三作目『企業とは何か』は、まさに「企業の書」であった。本書では産業社会への社会的・政治的アプローチがとられ、企業が「人間の行為体」（human effort）そして「社会的制度」（social institution）としてあつかわれている。ドラッカーによれば、分権制や組織に関する初めての研究であり、アメリカを例に企業が基盤となる産業社会やそこにおける経済政策が論じられている。本書について一九八三年版への序文では「企業についての本ではあったが、経済学や政治学の本ではなかった」とするが、一九九三年版への序文ではさらに踏み込んで「企業についての本ではなく、組織とマネジメントと社会についての本だった。経済的なニーズを満たすための人間組織として企業をとらえた最初の本であると同時に、特有の仕事と責任を持つ機関としてマネジメントをとらえた最初の本だった」としている。既存の学問体系ではとらえられていなかった企業の姿、血の通った生きた人間の組織としての有機的な企業観が、ここに新たに提示されたのである。

本書における産業社会への社会的・政治的アプローチとは、企業を三つの側面からとらえるものであった。①存続をかけてそれ自身のルールによって統治される自律的な制度として企業をとらえ、②社会における信念との関わりあいから企業をとらえ、③社会が社会として機能する条件との関係から企業をとらえるものである。企業を固有の自律的な存在としながらも、当該社会特有の信念と機能に照らして、企業と社会の整合性を分析しようというのである。これら三側面は相互に関係のあるものであって、どれかひとつ達成すればよいということではなく、三側面すべての調和が必要である。ここにも明らかに、企業を社会的な存在とみなす視点が貫かれているといえる。

では、ドラッカーがいう「人間の行為体」としての企業とは何か。企業が制度であるというのは、何らかの共通目的に向けて人間の行為を組織だてる道具ということである。つまり企業の本質は単なる生産財の寄せ集めではなく、人間の組織であるということ、社会組織の原理によるものであるということにある。制度即ち人間の組織であるならば、リーダーシップ、経営政策、評価尺度が機能させるうえでのポイントとなる。企業にとって一番重要なのは、もっとも経済的に生産を行うという共通目的に向けて、有効な人間活動を可能とする組織として存続することである。そのために、組織内の人材を発掘してリーダーの育成をはかり、状況変化に対応できる枠組みとして経営政策のバランス化をはかり、またそれらを可能とするために組織内のものを客観的に評価しうる尺度を用意しなければならない。はたして企業にそれができるだろうか。そこでドラッカーが取り上げるのが、GMにおける分権制のあり方であった。

規模と多様性、各部門間の問題そして企業全体としての一体性など、GMはその巨大さからくる多くの問題を抱えていた。こうした問題への対策として、GM内で徐々に形成・適用されていったのが分権制である。そもそもは機能と権限の分業を通じた一体性の確保が目的ながら、そこには次のようなメリットもあった。意思決定のスピードが速く、業績の評価も明瞭で、人事その他で公正さが確保されている。経営管理を担う人間が多く、リーダー育成の場が確保されている。また、上からの一方的な意思決定はなく、何を何のために行っているのかという経営政策がオープンにされている。こうしてGMは事業部に最大限の独立性と責任を与えながら、集権と分権のバランスを保ちつつ、企業全体としての一体性を確保することに成功したのである。分権制はGM内であらゆるレベルに適用されるところとなっており、ドラッカーは他の産業・企業でも適用されうるものとしている。

こうした人間の行為体としての企業のほかに、ドラッカーがいう「社会的制度」としての企業とは何か。アメリカ的信条として機会の平等と自己実現をあげながら、企業がアメリカの社会的制度であるならば、これら信条を体現しなければならない、とドラッカーはいう。人間一人ひとりが自らの活動のために機会の平等を得るとともに、自己実現即ち人間としての尊厳を得るべく自らの地位と役割を確保する場こそ企業なのである、と。産業社会では人間一人ひとりが社会とつながりその一員として地位と役割を見出すのは、仕事を通じてのみだからである。しかし課題は多い。企業が人間から成る組織であり、社会と大きな関係を有する社会的制度であると強く認識することによって、これらの課題に挑戦していくことが大事である、とドラッカーは強調している。

そもそも類書がなかったということもあって、本書『企業とは何か』は企業や組織の運営に関心のある人々から広く受け入れられ、分権制はブームとなった。しかし皮肉なことに、当のＧＭから本書は完全に黙殺された。後にドラッカーが回顧するところによれば、それは感情的なものからではなく、ドラッカーの考え方や提言がＧＭ幹部に受け入れられなかったからだという。経営政策をめぐる考え方や従業員参画の場の拡大といった提言、企業を社会的制度とみなす考え方が拒絶されたのである。「人がつくったものが四半世紀以上有効なことはあり得ない」との言葉も、幹部の拒否反応に拍車をかけたようである。ドラッカーは、これこそＧＭ成功の原因であり、また後の不振の原因でもあると指摘する。前著『産業人の未来』での社会に対する問題意識を保持しながら、さらに本書は企業を社会的制度とみなす視点を明確に打ち出したものでもあった。ともあれ、本書『企業とは何か』をもって、「経営学者ドラッカー」は誕生したのである。

ドラッカー経営学が生み出されることとなった『企業とは何か』につづいて、ドラッカーは『新しい社会と新しい経営』（一九五〇、原題は『新しい社会』）を著す。書名そのままに「新しい社会」展望の書であり、新しい産業社会のあるべき姿が「産業秩序」（industrial order）のくくりのもとに論じられている。本書ではふたたび社会全体に重心が置かれてはいるものの、そこにおける企業の機能に関する考察はさらに深められている。前著『企業とは何か』が「企業の書」であるならば、本書は「企業と社会の書」であった。ＧＭの内部調査を経て「企業から社会」の視点を獲得して充実・豊穣化した筆致は、『産業人の未来』での新しい産業社会成立に向けた課題、「社会の一般理論」即ち「機能する社会」が成立するための二要件充足への解答をふくんでいた。後の社会構想の転回という点を考慮すれば、本書は初期ドラッカーにおける産業社会論のひとつのピークをなすものでもあった。ドラッカー自身によれば、これまでの著書三作いずれもが人間を抽象的にあつかっているにすぎなかったが、この第四作『新しい社会と新しい経営』ではじめて人間を具体的な対象とするようになったという。まず世界的な産業革命と題して、世界的規模で生じている社会的な地殻変動が述べられ、そこにおける企業の存在がクローズアップされる。現代社会における企業、即ち本書にいう「産業企業体」(industrial enterprise) とは、いかなるものか。新しい社会秩序をめぐって、いかにあらねばならないのか。産業企業体を軸に、「産業秩序の問題」として経済紛争、経営者と労組、工場共同体が論じられ、「産業秩序の原理」としてプロレタリアの廃絶、連邦制経営組織、工場共同体の自治、市民としての労働組合が論じられている。

まずドラッカーは「大量生産の原理」が産業社会において人間を組織する原理、つまり「社会的な原理」にまでなったと指摘する。大規模工場生産という革命的な生産上の原理が、伝統的な文化および個人と社会の関係を溶解し、新たな「社会秩序の原理」になってしまっているのである。そしてそれを体現したものこそが、産業企業体なのである。いまや産業企業体即ち企業とは、産業社会における決定的制度・代表的制度・基本的制度である。ここにいう決定的制度とは企業が経済過程の基準・指針として決定的役割を果たしていることを表し、代表的制度とは企業が人々の価値観を左右し社会秩序の象徴となっていることを表し、基本的制度とは産業社会のどこにおいても本質的には同一形態で存在していることを表している。くわえて「所有と支配（経営）の分離」により、すでに企業は特定の利害関係者に束縛されない自律的な社会的制度と化している。社会を動かす原動力として、もうひとつの社会を動かす原動力たる国家と相調和していかねばならないのである。

とすれば、企業が果たすべき機能とは何か。ドラッカーはいう。経済的機能・統治的機能・社会的機能である、と。経済的機能とは、いうまでもなく経済的成果を達成する機能を表している。これにくわえてドラッカーによれば、統治的機能とは、巨大企業それ自体が権限関係により組織された集団として、行政・立法府のごとき役割を果たしている機能を表している。社会的機能とは、働く場としての大量生産工場がかつての地域コミュニティになりかわる社会的な場になっている機能を表している。これら機能の三位一体こそが、産業社会における企業の制度的特質なのである。

しかしながらこれら三機能のうち、やはり優先させるべき軸となるのは経済的機能である。企業それ自体の存続はもとより社会の側から見ても、経済的成果に対する要請こそが企業の目的として正当化されうるものだからである。とすれば企業はゴーイング・コンサーンとして、存続していくことが社会的な使命にほかならない。企業があげる利益とは、社会にとって必要不可欠な企業が存続するための費用、とりわけ将来の不確実性に対処するための「未来費用」（the future costs）なのである。社会的制度たる企業の基本法則とは、自らが存続するという社会的使命のために、損失を回避し、生産高を増大することである。したがって収益性というものも、あくまでも獲得した経済的成果を測る尺度にすぎない。

このようなドラッカーの主張は営利主義否定論といえるものであるが、企業を社会のサブ・システムとみなすことによって、社会の経済的成果がすべて企業に託されているかにみえる。企業の利益＝社会の利益であって、両者の利害は一致こそすれ齟齬《そご》をきたすことはありえないことになる。そしてかかる経済的機能との関わり合いにおいて、統治的・社会的機能も論じられることになる。

統治的機能については、企業は人々に対して重要な権限を有する統治的な制度ではあるが、経済的成果を求める自律的存在という本来の性質から、人々の統治そのものを目的とすることはできない。その意味で、構成員たる従業員の利益にそって統治権限をふるえない企業とは、正当性を欠く存在でしかない。とはいえ、従業員および社会の経済的基盤を提供する企業は、それらにとって不当なものともいい得ない。こうしてドラッカーにあって企業は、「正当ではないが不当でもない」存在と結論づけられるのであった。

つづく社会的機能については、企業はまた産業工場体としてかつての地域コミュニティになりかわる存在でもある。大量生産の原理が浸透した産業社会にあっては、人間一人ひとりに地位と役割を与えることができるのは、働く場たる企業しか見出しえないからである。ドラッカーは企業のこうした社会的機能を担う側面をして、「工場共同体」(plant community) と表現する。一人ひとりが人格をもった人間即ち市民となるためには、社会的な地位と役割を付与する共同体（コミュニティ）がなければならない。ドラッカーはそれを企業内に形成される秩序に見出すのであるが、ただし企業目的わけても経済的機能に合致するかぎりにおいてのみのことである。

ここにおいてドラッカーは工場共同体への責任ある参加を可能とするために、労働者一人ひとりに「経営者的態度」(managerial attitude)なるものを求めている。それは経営者が行うように、一人ひとりに自らの職務・仕事・生産を見つめさせる、即ち集団の仕事や全体の生産物に関連づけて見つめさせる態度のことである。企業全体との絶えざる関連づけの中で、労働者一人ひとりが自らの責務を果たしていく態度のことであり、これを身につけることによって、労働者一人ひとりは地位と役割を獲得した、真の意味での市民となりうるのである。さらにドラッカーは労働者一人ひとりのより具体的な社会生活上の問題解決に向けて、「工場共同体の自治」をも提唱している。工場共同体を自律的な自治体として組織することによって、企業・労働者双方にわたる社会生活問題に応えようというのである。こうして自治体が社会的機能を担い、経営陣が経済的機能を担うというように、両者が住み分けを行い補完し合うことで企業は基盤を強化することができるとするのである。

かくしてドラッカーは本書『新しい社会と新しい経営』はユートピアの書ではない、めざしているのは理想的な社会ではなく、生きがいのある社会であるとして、最後に自由な産業社会を論じて結んでいる。産業社会が自由な社会となるか否かは、企業および工場共同体と国家の関係いかんにかかっている。換言すれば、自由な社会を築くためには、自律的な企業と自律的な工場共同体の活動が不可欠なのだというのである。『企業とは何か』における企業の社会制度的把握がさらに進み、『産業人の未来』における問題意識即ち「社会の一般理論」の二要件充足については本書において一応の解決策が提示された。もとよりそこには問題がないわけではないが、ともあれ戦後「自由で機能する社会」＝新しい産業社会の実現に向けて、ドラッカー社会構想はここにひとつの区切りがつけられたのである。

三　社会構想の転回が意味するもの

『新しい社会と新しい経営』の後、世界初の体系的なマネジメント書『現代の経営』（一九五四）をはさんで、ドラッカー社会構想は転回をみせる。『変貌する産業社会』（一九五七、原題は『明日への道しるべ』）冒頭において、「われわれはここ二〇年のうちに、いつの間にかモダンという時代から、名もない新しい時代へと移行した」「ほんの最近までモダンとか現代的とか呼んでいた世界観や拠り所はもう古びて、意味のないものになってしまった」とし、近代合理主義の限界を指摘する。いわゆるポスト・モダンへの認識であるが、この時ドラッカーの目は新しい社会構想としてのポスト産業社会（post-industrial society）に向けられていたのである。ポスト・モダンなる用語も本書ですでに使われているが、もとよりそれは「モダンの次に来るもの、モダンを超えるもの」であって、どんなものなのかは明確にはわからない。ドラッカー自身も、古きモダンとポスト・モダンの交錯する「変転の時代」にあることだけが確かなのであって、本書においては感じ取ることのできる現在のみを対象にするとしている。その意味で本書『変貌する産業社会』は、新たな変化に関する現状把握の書、つまりは「ポスト・モダン知覚の書」であった。これまでとはまったく違う新しい世界観、新しい概念、人間の新しい能力を論じ、また新しい現実として教育社会の出現、理念としての経済発展の出現、近代政府の衰退、非西洋文明の崩壊が取り上げられ、最後に人間の地位の変化が言及されている。「変転の時代」は、新旧の錯綜する激動期である。この奔流にいる人間一人ひとりはなすべきことを自覚するか否かで、それをチャンスにもピンチにもすることができる。このように人間としての取り組み方いかんをもって、ドラッカーは「変転の時代」への対応策と結論している。のちにキーワードとなる「知識」(knowledge)という用語が大きくあつかわれはじめたのも本書であるが、より具体的なポスト産業社会即ち知識社会の構想は後の『断絶の時代』(一九六九)において一応の体を成すにいたるのである。

いわゆるポスト産業社会論については社会学者D・ベルが有名であるが、彼が「ポスト産業社会」を概念として初めて定式化したのは一九六二年のことであり、著書としての刊行は一九七三年であった。未来学者A・トフラーも、「ポスト産業社会」という言葉を一九五〇年末には言いはじめている。『断絶の時代』は「文明の書」であるが、ドラッカー最大の問題作といえる。社会構想が転回した本書を境にして、一般にドラッカー思想が前期と後期に区分される点では画期をなす書でもある。ポスト産業社会論として、これから起こる文明史的な世界変化の潮流が描き出されており、本書は「未来予見の書」という側面も有している。しかもそこであつかわれている変化の潮流が二一世紀を迎えた今なお進行中であり、われわれはいまだその真の意義を見定めることはできず、不明のままである。ドラッカーは『経済人の終わり』は書いたが、『産業人の終わり』はついに書くこともなく、そのままポスト産業社会論に移行してしまった。本書『断絶の時代』を、ドラッカー最大の問題作とみなすゆえんはここにある。また、本書における新たな社会構想＝知識社会の提示は、ドラッカー思想の転回は意味しても、断絶までは意味していない。「変転の時代」に対する強い意識から、人間を取り巻く社会が再びとらえ直された結果であって、底流にはやはりメイン・テーマたる「自由」そして「自由で機能する社会」の実現がある。ドラッカーにおいて社会構想の転回が意味するのは、移りゆく現実にあっていかに行為していくべきなのかを追求するがゆえであった。即ち行為主体たる人間により焦点を合わせた結果なのである。

人間の本質にして理想即ち「自由の実現」、そしてそのために社会はいかにあらねばならないか。このように人間と社会のあり方を常に問いつづけるのが、ドラッカー思想のアルファでありオメガであった。そこから人間と社会を架橋する制度として企業が注目され、さらに新たなマネジメントが生み出されるところとなったのである。人間と社会への揺るぎない信念を土台として、ドラッカー経営学は誕生した。それは人間そして社会と絶えずリンクするがゆえに、単なる管理技法やテクニカルな手引きの類ではなく、確固たる人間・社会の思想といえるだけの内容を有しているのである。

第二節　戦後日本の経済発展とドラッカーのマネジメント

一　新しいマネジメントの誕生

「経営学者ドラッカー」は、『企業とは何か』をもって誕生し、『新しい社会と新しい経営』をもって確立した。来るべき産業社会に、自らの人間的理想即ち「自由の実現」を重ね合わせた彼は、かくしてあるべき社会の中心的担い手を企業と設定する。人間にとっての幸せ即ち「自由の実現」に向けて、社会を機能する存在たらしめる責任を企業に求めたのである。ドラッカー最大の関心事から、人間と社会を架橋する媒介項と位置づけられた企業は、その時点で人間的存在であり社会的存在でなければならないことになる。この人間そして社会を軸としたアプローチこそ、ドラッカー経営学の真髄であるといってよい。したがってそこには自ずと、「企業と社会」、企業の社会的責任、企業倫理らの問題意識がビルト・インされている。ドラッカーにあっては初期設定においてすでに企業およびマネジメントというものは、人間そして社会のためのものでなければならなかったのである。

「経営学者ドラッカー」の名を一躍「マネジメントの発明者」にまで高めたのは、『現代の経営』（原題は『マネジメントの実践』）であった。「企業の書」『企業とは何か』、「企業と社会の書」『新しい社会と新しい経営』につづく本書は、まぎれもなく「マネジメントの書」であった。出版は一九五四年、日本の高度経済成長期がはじまったまさにその年である。ドラッカー本の初邦訳は、一九五四年『新しい社会と新しい経営』（国井成一・清本晴雄訳『新しい社会の経営技術―経営者と労務者のこれからの在り方』）であり、『現代の経営』の邦訳は一九五六年であった。現代経営研究会による訳書は正編と続編の二分冊で刊行され、両方あわせて七〇万部という、経営書としては空前の売れ行きを示したという。日本経済はこの時期、石炭に替わる安価な石油の輸入によって産業構造の転換が果たされる中で、好景気による完全雇用が達成された。生産力の上昇と購買力の上昇がかみ合って、経済の好スパイラルができあがっていたのである。拡大しつづける日本経済は経済成長率で年一〇%を超え、一九六八年にはGNPで世界第二位となった。さらにオイルショック後、世界経済が低迷する状況にあっても、日本経済だけは安定的・持続的な成長を遂げていった。このような中で、かつて欧米先進国に比して前近代的と揶揄された、日本企業や日本独自の経営慣行いわゆる日本的経営が、逆に賞賛の的となっていく。日本にならえ、日本に学べ、と。外国人による日本の経営研究も進められ、アベグレン『日本の経営』(一九五八)、ドーア『イギリスの工場・日本の工場』(一九七三)をはじめとする多くのものが発表された。かくしてこうした傾向はジャパン・アズ・ナンバーワンの時代として、一九八〇年代にピークを迎えることになったのである。

この間、重化学工業化やモータリゼーション、都市化が進み、社会構造は急速かつ根本的に変化した。日本における企業の存在は経済のけん引役というのみならず、社会の中心的な編成原理としての役割も担っていた。自動車、造船、鉄鋼、石油化学、電化製品といった産業が発展し、戦後急成長した企業が独立系の集団としてしだいに大きく形成されていった。くわえてかつて財閥解体となった企業群は、企業集団・企業グループとして再結集し、大規模化の一途をたどっていく。大規模企業グループを頂点とした企業系列が形成され、安定株主工作や株式相互持合いにみられる集団主義的な意思決定がとられていった。終身雇用・年功序列・企業別組合ら、いわゆる日本的経営三種の神器は、企業を擬似家族的な共同体(コミュニティ)とみなす傾向を強め、企業の繁栄がそのまま従業員一人ひとりの繁栄に直結する仕組みとして形づくられていった。労働組合も、労使協調路線をとって企業の発展をサポートした。その結果として、企業の都合が最優先される会社本位主義も生み出されていった。一部の大企業とそれ以外の大多数の中小企業という二重構造をともないながらも、ここに個人―企業―日本社会の発展・繁栄がリンクした社会システムができあがったのである。それは、企業を中心に編成された企業社会であった。

企業社会の到来には、功罪両面があった。企業の存在によって、経済的には世界でも屈指の繁栄がもたらされ、社会的にも個々人とコミュニティをとり結ぶ紐帯がもたらされた。しかしその背面的事実として、害悪がもたらされたのも事実である。高度経済成長期には、四大公害病に代表される産業公害が各地で噴出した。消費者問題も多くいわれるようになり、一九六八年には消費者保護基本法が制定されるところとなった。企業を中心とする経済至上主義の傾向に抗して、「くたばれＧＮＰ」という言葉が流行したこともある。一九五六年経済白書の「もはや戦後ではない」という言葉に象徴されるように、この時期の日本はすでに戦前レベルの、否、戦前以上の新たな発展段階にあったのである。

一九八五年執筆の序言でドラッカーは、『現代の経営』(『マネジメントの実践』)を世界初の体系的なマネジメントの書であると述べている。企業およびマネジメントを全体として見た最初の本であり、マネジメントを独立した機能、特別の仕事、そして特別の責務をともなうものとしてとらえた最初の本である。さらに現在の事業管理のみならず、未来の事業創造についても世界初の書であるという。そしてテイラー、メイヨー、ファヨール、フォレット、バーナードら経営学第一級の古典をふまえてなお、総合的な意味でのマネジメントをあつかった最初の本であると断言する。このようにドラッカーは自画自賛するが、いささかの嘘偽りも誇張もない、まさに実績にもとづいた冷静な自己評価というほかはない。『企業とは何か』以降、開始した経営コンサルタントとしての知見が反映されたものでもあり、学習できる知識体系としてマネジメントが提示されている。ビーティがいうように、従来ごく一握りの天才にしかできないとされていたマネジメントを「学べばできる」ものにしたという意味で、ここに新たなマネジメントは誕生したのである。[1] ドラッカー自身の後のマネジメント書も、本書のテーマから発展したものも少なくない。また、後の総括的な決定版たる『マネジメント—課題・責任・実践』（一九七三）に比すれば、本書はマネジメントに関する基本書として、読みやすい入門書であることが企図されているという。まず企業組織における問題対象の定義にはじまり、分析・目標の設定・評価、その他注意すべき諸点が網羅されており、まさにマネジメントを実践する上での総合的なガイドラインを提供しているといってよい。「目標による管理」（いわゆる「目標管理」、Management by Objective: MBO）の提唱も、本書がはじめてといわれている。

本書ではじめてあつかわれた総合的な意味でのマネジメントについてドラッカーは、①成果を上げること、②人々を組織すること、③社会的な責任について考えること、の三つでとらえている。そしてそれに対応して企業を、①市場や顧客といった他者のために経済的な成果を生み出す制度、②権限と責任によって構成メンバーを関係づけ統制する人間的・社会的組織、③社会やコミュニティの一員であるがゆえに、公益を考えるべき社会的制度、の三つでとらえている。ここにおいても、明らかに人間・社会を軸としたアプローチが貫かれている。かくして序論でそもそも「マネジメントとは何か」というマネジメントの本質を規定することにはじまり、本論においては事業のマネジメント、経営管理者のマネジメント、マネジメントの組織構造、人と仕事のマネジメント、経営管理者であることの意味を論じ、結論においてマネジメントの責任を問うている。

ドラッカーによれば、マネジメントとは「機関」(organ)である。産業社会における際立ってリーダー的な、社会そして文明における基本的かつ支配的な機関である。それは、現代社会の信念の具現ということでもある。経済発展の責任を託されたマネジメントは、現代に不可欠の機関にほかならない。しかしながら、社会の基本的な機関のなかでマネジメントほど、無理解のうちにあったものもない。それは事業体に特有の機関であり、基本的な定義は何よりもまず経済的な機関であるということである。そして経済的な成果をあげるためには、組織を生産的・有機的なものにする、つまり意思決定層および従業員全般にわたる人的資源の有効活用を図らねばならない。こうしてドラッカーは、「マネジメントとは何か」に対する解答として、①事業のマネジメント、②経営管理者のマネジメント、③人と仕事のマネジメント、の三機能を同時に行う多目的な機関と述べる。これらのいずれかが欠ければそれはもはやマネジメントではないのであって、マネジメントとはあくまでもこれらの総合であることを強調するのである。

ここにいう①事業のマネジメントとは何か。そもそも企業とは人が創造し、人がマネジメントするものである。そして企業が社会の一機関である以上、その目的は企業の外部即ち社会にある。とすれば事業の目的はただひとつ、顧客を創造することである。市場は人間以外の者によってではなく、あくまでも人間即ち企業家の手によって創造される。それは、マーケティングとイノベーションという二つの機能によって行われる。マーケティングは顧客の観点から見た全事業にほかならず、イノベーションはより優れた財貨を創造し、経済を変革・創造する。つまり事業のマネジメントとは、この二つの機能によって、顧客を創造する活動なのである。利益とはこれらの活動を評価するための尺度であり、また企業が存続するための費用である。未来のリスクをまかなって富を創出するために、必要最低限の利益をあげることが不可欠である。

事業は目標を設定して行わねばならない。事業のマネジメントとは、「目標による管理」である。ここにおいてドラッカーは「われわれの事業は何か」という自問自答によって、定期的に自らの事業を定義・設定し続けることが重要であるという。そのために「われわれの顧客はだれか」「顧客は何を買うか」「買う時に求めているものは何か」を問い、さらには「われわれの事業は将来何になるか」「われわれは正しい事業にいるか、この事業を変えるべきか」を問い、徹底的に検討しておかねばならない。こうした定義にもとづく具体的な目標と、事業上の多様なニーズをバランスさせることこそが、事業のマネジメントなのである。

つづく②経営管理者のマネジメントとは何か。経営管理者とは、企業にとって最も高価な資源である。経営管理者をマネジメントするということは、その最も高価な資源を生かすということであり、企業をつくるということである。経営管理者のマネジメントにおいて必要なのは、「目標と自己管理によるマネジメント」(Management by Objectives and Self-Control)であり、経営管理者の仕事を適切に組織することである。企業が必要とするものは、一人ひとりの人間の強みと責任を最大限に活用するとともに、彼らの視野と努力に共通の方向性を与え、チームワークを発揮させるようなマネジメントの原理であり、そして彼ら一人ひとりの目標と共同利益とを調和させるマネジメントの原理である。これを可能とする唯一の原理が「目標と自己管理によるマネジメント」であり、それによって共同利益を経営管理者一人ひとりの目標とすることができる。「目標と自己管理によるマネジメント」はマネジメントの哲学ともいうべきものであり、成果の達成を確実なものにするのみならず、一人ひとりが自ら決定を下し自ら行動を起こすという点で真の自由を実現するものとなる。

最後に、③人と仕事のマネジメントとは何か。企業が成果をあげられるか否かは、働く人々に成果をあげさせる企業の能力、即ち仕事のさせ方いかんにかかっている。人と仕事のマネジメントこそ、マネジメントの基本的な機能のひとつである。人的資源として働く人々のために、仕事は彼らにとって常に挑戦するもの、即ち自らの成長を促すとともに、その方向づけを行うものでなければならない。彼らから仕事に対する最高の動機づけを引き出すのは、責任をもたせることである。彼ら働く人々一人ひとりを責任ある人とするために必要なのは、人員を正しく配置し、仕事に高い基準を設定し、自己管理に必要な情報を与え、マネジメントの視点をもたせるために参画の機会を設けることである。これらについては事業そのもののマネジメント以外でも、職場コミュニティを積極的に活用することによって成果を得ることができる。

経営者・経営管理者とは、これら①事業のマネジメント、②経営管理者のマネジメント、③人と仕事のマネジメント、の三機能をバランス・調和させる者にほかならない。その存在はあたかもオーケストラ指揮者のごとくである。タクトを振る力量によって、音を出すにすぎない楽器が生きた総体としての音楽を生み出す。音を聞く彼の耳は、常にオーケストラ全体と個の部分、例えば第二オーボエに注がれている。同様に経営者・経営管理者も、意思決定を行う力量によって、個々人の業務の単なる集計を超えて、総体としての企業の成果を生み出す。さらに経営者・経営管理者は総体としての企業の成果のみならず、それを生み出す多様な業務個々の双方に責任をもち、また企業の直面する課題への対応についても、当面と長期という二重の時間軸をあわせもつのである。彼ら経営者・経営管理者にとってもっとも重要なものは業務遂行者としての能力ではなく、人間としての資質である。それは「真摯さ」(integrity)をもって表される人間としての品位なのである。

かくしてドラッカーは、「マネジメントの責任」をもって本書の結論としている。いかに企業が私的なものであっても、社会なくして企業の存在はありえない。企業とは社会的な機関であり、社会的機能を果たすからである。企業は社会における富の創出機関であり、社会の富を増大させていかなければならない。そしてその活動が社会に与える影響力が決定的なことから、公共の利益に対して直接的な責任も有する。マネジメントのあらゆる行動が、社会的責任に根ざしたものであることが必要である。この社会的責任こそ、マネジメントの倫理なのである、と。

「マネジメントの実践」を原題とする本書において、このようにドラッカーが結論にマネジメントの責任をすえたのは、きわめて大きな意義を有する。そこには、たんなる技術書ではなく、人間と社会のための生きた実践書が意図されていることが明確に伝わってくるからである。そして、かかる意図を表した具体的手法こそが、「目標と自己管理によるマネジメント」であった。ドラッカー自身述べているように、その最大の利点は、メンバー一人ひとりが自らの仕事ぶりをマネジメントできるようになることである。メンバー一人ひとりにできるかぎり仕事を任せ、自立させる。責任をもつことによって、彼らはやる気と創意工夫が引き出され、組織全体として望ましい成果がもたらされることはもちろん、人材育成をはかることもできる。そこにはメンバー一人ひとりを上意下達の指示・命令によって機械の歯車や手駒のごとく束縛し管理・統制するのではなく、あくまでもひとりの人間即ち自由な意志をもった存在としてあつかい、その可能性を最大限発揮させようという人間尊重の視点がある。それは自らの意志にしたがって行動し、自ら責任を負うという人間の本性を見据えた視点である。あくまでも何が問題か自分で発見し、どうすればいいか自分で考えて答えを見つけ出し、実際に自分で行動し、いかなる結果であれ自分のものとする。まさにメイン・テーマ「自由」＝「責任ある選択」を具現化した管理手法、「マネジメントの哲学」であり、人間に対するドラッカーの透徹したアプローチと深い慈しみを見出すことができる。このように人間の無限の可能性を信じたドラッカーが、その想いのすべてを注ぎ込んで生みだしたものがマネジメントにほかならなかった。

彼が見据えていたのは、あくまでも人間と人間が生きる場としての社会である。いかに人間を生かし、人間が集う社会を生かすか。そのために編み出されたマネジメントは、人間としてのあり方を指し示すものでもなければならない。マネジメントの実践者即ち経営者・経営管理者に必要不可欠な資質として、ドラッカーは「真摯さ」(integrity)をあげる。integrityは日本語に訳しにくい言葉だが、手元の辞書によるとふくまれる意味に、堅固な「正直さ、誠実さ、高潔、清廉」、さらに職業的な「規準、規範」や「完全」などがある。つまりドラッカーがこの言葉に込めたのは、職業人さらには人間として持つべき精神的態度である。いかに有能であろうとも、経営者・管理者として人間と社会を活かしていくのは、結局のところ人間としての品性即ち人間性である。ドラッカーはこればかりは学ぶことができない先天的な資質としているが、マネジメントがあくまでも人間が人間のために行うものであることを強く指し示しているといえる。

また本書で企業の目的を「顧客の創造」と唱えたことも、きわめて象徴的である。あくまでも社会的な機関たる企業の存在意義は、顧客即ち社会的ニーズを発掘し充たすことによって、人間社会を持続的に発展させるということにある。人間にとって金もうけはあくまでも幸せになるための手段であって、生きる目的ではない。同様に企業も利益追求それ自体が目的なのではなく、人間社会の持続的な発展にこそ、それが活動する真の目的があるとするのである。企業というものが人間社会の発展にとっていかに重要かつ不可欠なものであるか、「顧客の創造」という言葉ほど、それを端的に言い表しているものはない。日本であれば士農工商のように商業をもっとも賤しい職業とみなす風潮、いわゆる賤商意識を完全に払拭するばかりか、ビジネスとその担い手たるマネジメントがいかに決定的な社会的役割を果たしているかを知らしめて余りあるものである。実に「顧客の創造」という言葉によってビジネスマンは自尊心を呼び起こされるとともに、彼らの背中は強く後押しされたのである。

ドラッカー自身も述べるように、本書『現代の経営』においてマネジメントは、真の意味で誕生したといえる。しかも、彼によれば、まさに本書こそが戦後日本の経済発展に寄与した本だという。独特の筆致や巧みな言い回しによって、本書は読みやすい経営学の専門書というのみならず、とりわけビジネスマンにとっては先述のごとく自己啓発の書、現代的な指導の書としての側面も持ち合わせていた。『現代の経営』という訳書名も、新時代の経営、そしてこれからの日本に必要な経営を感じさせる響きがあった。本書であつかわれたテーマをもとに発展させた後の書としては、『創造する経営者』（一九六四、原題は『成果をあげる経営』）、『経営者の条件』（一九六六、原題は『有能なエグゼクティブ』）がある。これらはいずれも経営実践における具体的なテクニックのみに特化した完全な技術書・実務書ではあるが、この領域においても才を発揮するドラッカーの力量をみることができる。

二　マネジメント論の展開

『創造する経営者』は「経営戦略の書」であり、しかも「事業戦略」（business strategies）としては最初のものであるという。そしてドラッカーによれば、経営者が果たすべき経済的な課題を体系的に提示しようとした最初の試みであり、企業が行うべき経済活動を体系化しようとした最初の第一歩である。原題『成果をあげる経営』が示す通り、まさに「何をなすべきか」についての実践的な本なのである。『現代の経営』との対応関係でみれば、①「事業のマネジメント」の内容を中心に発展させたもので、まず事業とは何かの理解にはじまり、機会に焦点を合わせ、業績をあげるためのプログラムを策定するという展開となっている。

まずドラッカーは企業が今日行うべき三つの仕事として、①今日の事業の成果をあげる、②潜在的な機会を発見する、③明日のために新しい事業を開拓する、を指摘する。そして企業が成果をあげるべき領域（製品・市場・流通チャネル）に関する四つの分析として、①利益と資源についての分析、②コストセンターとコスト構造についての分析、③マーケティング分析、④知識分析、をあげている。これらを総合して、自社の事業特性、成果をあげる能力、機会とニーズは明確化できるとする。

それらにもとづいて業績をあげるためには、意思決定に関する仕組みが必要である。ドラッカーは、いかなる事業であれ中核となる意思決定は、①事業の定義、②卓越性の定義、③優先順位の設定、の三つであるとする。これらを体系的に行うために必要なのが、経営計画である。企業の理念や目標と照らし合わせつつ、経営計画において追求すべき機会とリスク、事業の範囲、財務的な対応、そしてそれらに見合った組織構造を定めることによって、戦略的意思決定を行うことができる。加えて企業家的な意思決定を可能とするために、そのメカニズムを組織内に組み込む、即ち仕事や仕事の仕方、組織の精神や人事に組み込むことが必要である。

経営戦略論としての本書の主張は要するに、「①自社の分析・定義をもとに、②事業機会を発見し、③そこで自社の強みを最大限生かせるよう焦点を合わせていく」ということにある。つまり選択と集中を徹底して行い、そこで何よりも個々自らの強みを生かすことにポイントが置かれている。そして最後にはやはり企業の社会的なかかわりをもって本書を結んでいるが、「成果をあげる経営」即ち企業個々の戦略というものが単に他社を出し抜くためだけのテクニックなのではなく、いわば企業個々の中核的な強み、その企業にしかないそれぞれの個性を生かしながら、全体としてあくまでも社会的成果をあげていくことへの視点が強調されている。

経営戦略論の系譜でみれば、『現代の経営』ですでにドラッカーは「戦略的意思決定」(strategic decision)「戦術的意思決定」(tactical decision) という用語を使ってはいるものの、経営学において「戦略」が広く知れ渡るようになったのは、チャンドラー『経営戦略と組織』(一九六二) からである。「組織は戦略にしたがう」の命題によって、「戦略」が経営学上の重要な概念として決定づけられたのであった。本書でドラッカー自身も、チャンドラーやペンローズの企業成長論に言及している。その後、アンソフをはじめとして、経営戦略論は経営学の中心的な領域としてしだいに重要性を高めていくことになるが、例えば一九九〇年代に登場したコア・コンピタンス経営にはドラッカーの「選択と集中の徹底」「自らの強みを生かす」という基本的な発想を認めることができる。このようにドラッカーが、経営戦略論の端緒を開いたひとりであることは間違いない。

『創造する経営者』につづく『経営者の条件』(『有能なエグゼクティブ』) は、「セルフ・マネジメントの書」である。ドラッカーが有能なエグゼクティブに興味を持つようになったのは第二次世界大戦の初期だという。それから有能なエグゼクティブはどこが普通の人と違うのか、体系的に研究してわかった最大の発見は、そうした有能さは学ぶことができる、いや学ばなければならないことだったという。成果をあげる者は、天性ではなく努力で身につけている。自らをマネジメントすることは可能であるし、誰でもできる。『現代の経営』との対応関係でみれば、②「経営管理者のマネジメント」の内容を中心に発展させたもので、成果をあげるために自らをマネジメントする手法として書かれたのが本書なのである。

本書を理解するうえで最大のポイントとなるのが、「エグゼクティブ」の概念である。一般的な意味としては、「組織の意思決定にかかわる経営幹部、上級管理職、取締役、重役」であり、総じて経営層や経営者などを表す言葉である。しかし本書でいうエグゼクティブとは、「部下がいるいないにかかわらず、知識労働者として組織の業績に貢献すべく行動し、意思決定する責任を持つものすべて」である。経営管理者や専門家ら知識労働者がその典型ではあるものの、それ以外でもエグゼクティブである者は多くいる。つまりここにいうエグゼクティブとは、「知識労働者」概念を前提としながらも、「成果をあげるべく意思決定を行う者すべて」を表しているといってよい。したがって本書の対象となるのは、経営者・経営管理者だけではなく、成果をあげるべく日々向上心を持って行動している人々すべてということになる。(2)

かくしてドラッカーは成果をあげることは習慣であるとまでいい、身につけるべき習慣的な能力即ち成果をあげるための条件を提示する。本書は具体的なテクニックを提示する一方、熱意と意欲を持って仕事に取り組むビジネス・パーソンには、鼓舞させられる啓発的な側面が強い。「有能さは学ぶことができる。成果をあげる者は、天性ではなく努力で身につけている」といった言葉には勇気づけられ、そのためになすべきこととして「自らをマネジメントすることは可能であるし、誰でもできる」といった言葉には意欲をかき立てられるものがある。今風にいえば、仕事術や成功法、総じて自己啓発といったビジネス書の萌芽が見出せる。昨今の数ある類書にあって本書はその端緒と位置づけることもできるが、いまだ読まれつづけているものでもある。というのも本書が単なるハウツーものではなく、ドラッカー流の人間に対する深い洞察と温かい慈しみの目によって、実践すべき方法論として書かれているからにほかならない。本書では特に意欲ある者を刺激せずにはおかないモチベーターとしてのドラッカー像が見られるが、同時にその根底には人間行為にもとづくマネジメント思想が脈打っていることもまた見出せるのである。

これら『創造する経営者』『経営者の条件』はいずれも『現代の経営』からスピン・アウトしたもののながら、オリジナルである『現代の経営』との最大の違いは知識労働者を前提としている点にある。こうした両著での知識労働者による経営実践技法の提示を経て、次回作として知識社会を真正面から論じた大著『断絶の時代』(一九六九)が披露され、さらにかかる知識社会をベースにドラッカーの代名詞ともいえる大著『マネジメント—課題・責任・実践』(一九七三)が誕生することになる。『現代の経営』から二〇年を経て、その単なる改訂版ではない、まったく新しいマネジメントの総合書として『マネジメント』は生み出された。本書ではマネジメント概念をさらに進化させて、企業のみならずあらゆる組織体に適用するものとされている。企業にかわってマネジメントこそが人間と社会をとり結ぶ最重要の機関と明確に位置づけられるところとなり、『マネジメント』は初期ドラッカー経営学の集大成となったのであった。この間、ドラッカーによる造語あるいは普遍化されたコンセプトとしては、目標による管理、分権化、知識労働者、知識社会、品質管理などがある。これらすべてのものをふくめたトータルな意味で、ドラッカーは「マネジメント」というものを生み出して育てて一人前にし、さらに余人をもって代えがたい存在にまでしたといえるのである。

三　ドラッカーの見た日本

いわゆる日本的経営「三種の神器」をはじめて指摘したのは、アベグレン『日本の経営』(一九五八)であった。日本に特徴的な経営手法として、終身雇用・年功序列・企業別組合が紹介されたのである。その他にも日本の経営に特徴的なこととしてよく指摘される点に、官民協調、企業グループの存在、長期的な利益をめざす、集団主義的・ボトムアップ方式の意思決定、企業と従業員の関係が欧米のような契約型ではなく所属型である、福利厚生が充実しており従業員を大切にする、などがある。これらを総じてしばしばいわれるのは、日本の企業は、従業員に対して家のような共同体(コミュニティ)としての役割を担っているということである。企業を共同体とみなす考えは、ドラッカーにおいてすでに『産業人の未来』からみられるところである。ここでは企業を有効なものとするために、企業を共同体にせよという提案であり、それはさらに『新しい社会と新しい経営』において工場共同体として定式化されたのであった。戦後日本の経済発展にともなって、日本企業や日本独自の経営慣行は脚光を浴び、いわゆる日本的経営論は花盛りとなっていった。では、こうした日本の経営スタイルについて、ドラッカー自身はどう見ていたのだろうか。

親日家であった彼は、日本についてもいくつか書いている。オイルショック後の一九七一年に書かれた「日本の経営から学ぶもの」では、過去一〇〇年間とりわけ直近二〇年間にわたって日本が経済成長を成し遂げた要因を、①効果的な意思決定、②雇用保障と生産性の調和、③管理職ならびに専門職の育成、の三つにまとめている。①効果的な意思決定については、日本の意思決定の特徴は総意によって行うということにある。たしかに総意を得るのに要する時間は無駄に長く見えるものの、実は迅速かつ効果的な意思決定に役立つ。総意にいたる討議のプロセスですべてのメンバーが事前に問題を明確にし、それを共有する。総意を得た時点で下される意思決定はもはや実行段階である。鎖国から明治維新での開国をはじめとして、歴史上日本がたびたび一八〇度の転換を行いえたのは、この総意形成のシステムによる、としている。

②雇用保障と生産性の調和については、日本では雇用が保障される一方で、それでも労働コストが柔軟な構造となっているという。生産性向上を従業員に根づかせる継続的なトレーニングが職務体系に組み込まれており、技術的な革新など変化を進んで受容する土壌ができあがっている。ドラッカーによれば、剣道や書道など日本古来の「道」においてトレーニングとは終身なのであり、こうした伝統を日本は企業と産業に適用しているといえる。終身的に継続するトレーニングによって、絶え

ざる改善と生産性向上が日本ではシステム化されているのである。③管理職ならびに専門職の育成については、こうしたシステム化が人材の育成にもみられるということである。

以上をみると、外国人の視点からドラッカーは、高度成長期においてうまく機能した日本的な特徴をとらえていたようである。①効果的な意思決定とは、集団的意思決定システムとしての稟議制度であり、②雇用保障と生産性の調和および③管理職ならびに専門職の育成にみられるのは、日本的な勤勉さや労働観・人生観の良い側面である。「日本の成功の背後にあるもの」(一九八一)では、日本の強さの秘密を国益優先のルールにあるとし、その大本となる設定者として渋沢栄一を高く評価している。いかなる利益集団であれ、日本のそれは国益とのかかわりにおいて行動する。渋沢栄一は論語にもとづく商業道徳によって日本の近代化に尽力し、「日本資本主義の父」と称された。渋沢の経営哲学たる合本主義や道徳経済合一説などは、人間・社会に関心を持ち続けたドラッカーのマネジメント思想と大きくオーバーラップするものである。日本的な道徳・美徳・価値観、和の心とドラッカーには、この上ない親近性があったのである。

また、「日本画の中の日本人」(一九七九)では、日本文化の本質的特徴を「知覚力」(perceive)にあるとしている。日本における異文化摂取は、日本としてのアイデンティティを確かめ高めるものであった。日本としての精神性を保ちながら、異文化を取り込み、独自のものにつくり変えていく伝統なのである。和魂漢(洋)才という言葉もあるが、こうした外来のものを日本化する独自の力をして、ドラッカーは知覚力というのである。西洋近代合理主義の限界を察した彼はやがてポスト・モダンとして「知覚」の重要性を強調していったが、日本人のなかにそれを見出していたというのもきわめて印象的である。人間・社会のあり方を求めつづけたドラッカーにとって、日本という国は根底的な部分で単に相通じるというだけでなく、彼が追い求めていた一種の理想であったのかもしれない。

第三節　日本における産業社会・企業時代のドラッカーの受容

既述のようにドラッカーの初邦訳は、高度経済成長がはじまった一九五四年であった。その後、主として実務界を中心にドラッカー・ブームが巻き起こることとなる。この中には、日本を代表する企業経営者、あるいは後に日本を代表することとなる企業経営者が多数ふくまれていた。ブームの火付け役となったのは、邦訳を手掛けた気鋭の若手実務家グループである。アメリカ帰りの彼らは当初からドラッカーの類まれなセンスに注目し、邦訳の出版によって普及に努めた。

ドラッカー初来日を実現させた日本生産性本部の存在も大きい。設立は、一九五五年である。同団体はアメリカに多数の海外視察団を派遣し、アメリカ経営学の積極的な紹介・啓蒙普及に努めた。その結果、アメリカ経営学は大きな流れとなり、アメリカにならった経営技術・手法がとられ、ＱＣやＩＥのような統計的・工学的手法のほかに管理者・監督者訓練の手法なども導入された。ＱＣは後にＴＱＣへと展開し、また現場で働く人々によるＱＣサークルも形成されていった。このようなアメリカ経営学受容の中でドラッカーはその大きな理論的柱として、しだいに実務界を中心に関心の的となっていったのである。同団体の招聘により、一九五九年ドラッカーは初来日をはたす。セミナーは各地で大盛況だったという。その後も来日して多大な影響を与えたところから、一九六六年には日本産業経営の近代化および日米親善への寄与により、外国人として受勲（勲三等、瑞宝章）した。

学界もこうした流れを無視できるはずはなく、当初からドラッカーは大きなテーマではあったが、ただしその評価は必ずしも一様ではなかった。それは思想としてのスケールの壮大さ、影響力の及ぶ範囲の広範さに起因するものである。社会科学におけるマルクスやウェーバー、ヴェブレンらと同様、文明史的な視点をもつ一種のグランド・セオリストの宿命といえばそれまでだが、それにしてもドラッカーほど毀誉褒貶に満ちた文筆家もまれである。こうした毀誉褒貶のギャップは、特に実務界と学界の間において著しいといわねばならない。この点こそ、ドラッカー評価をめぐる最大の特徴といえる。本節ではまず、多様なドラッカーの側面を、改めていくつかに類型化する。そのうえで、特にこの時期の日本においてドラッカーがどのようにとらえられていったかという問題、ドラッカー像をめぐって、実務界と学界双方にわたって検討してみることとしたい。

初期ドラッカーの有する諸側面としては、もとよりたがいに重複する部分はあるものの、おおむね次のものに整理することができる。

（1）経営学者としての側面。経営学を大きく体系化し、「マネジメントの発明者」「現代経営学の父」をもって知られる業績が高く評価される。

（2）経営コンサルタントとしての側面。そもそもその開拓者であり、実務界におよぼした多大な影響が強調される。また、セルフ・マネジメントの開拓者として、今日でいえばビジネス・パーソンに対する成功法や仕事術、専門的な職業人としてのあり方など、自己啓発的な分野の先駆者のひとりととらえることもできる。

（3）世界情勢に関する政治・時事評論家、ジャーナリストとしての側面。

（4）徹底した保守主義者として反全体主義者・反共産主義者であり、自由主義体制の擁護者という側面。

（5）独自の人間論や社会論を展開した社会学者・社会哲学者としての側面。

（6）文明史的な視点から時代の潮流を把握し、進むべき方向性を指し示した社会思想家・文明論者としての側面。視野の広さやあつかう領域の多さ、さらにそれらを駆使して大きくまとめあげるところから、「学際的な知の統合者」という評価もある。

（7）近代合理主義の限界を指摘し、それを乗り越えようとするポスト・モダンの旗手としての側面。

（1）および（2）は、もっとも代表的なドラッカー評価である。ただし、後にみるように、特に（1）をめぐって実務界と学界の間には大きな隔たりがある。（3）は特に政治ジャーナリストとしての側面を評価するものであるが、そもそも国際公法や政治学を出自として新聞雑誌の記者・編集者になったというキャリアからすれば、文筆家としてのドラッカーの本分はここにあるといってよいであろう。（4）は（3）の中身ともいうべきものであるが、ドラッカーの思想的根源そして政治的立場に関するものである。これに対して、自らの理想を人間論・社会論として具体的に展開した側面を強調するのが（5）といえる。（6）はそこからさらに文明史的な壮大なスケールで鳥瞰することによって、現在という時がどのような流れにあり、またどこに向かおうとしているのかという時代の潮流を描き出した側面に注目するものである。まさに社会科学における知の巨人として、マルクスやウェーバー、ヴェブレンらと比肩しうる側面である。（7）は、その中身をなすものである。未来論者・未来学者との評価も、この類型にふくめられよう。

これらに加えて、読者を引き込む明快かつモチベイティブな文章家としての側面も、ドラッカーの魅力であり、無視しえない大きな特徴のひとつである。上記の代表的な評価類型を大きく二分すると、経営学者としての部分を強調するか、それのみにとどまらない社会思想家としての部分を強調するか、であろうか。あるいは学者としての部分を強調するか、それ以外のジャーナリストとしての部分を強調するか、とみることもできよう。既存のどの枠組みに当てはまらない自身をして、ドラッカーは「文筆家」や「社会生態学者」と称した。

一般社会とりわけ実務界ではドラッカーを評して、「マネジメントの発明者」「現代経営学の父」「ビジネス界にもっとも影響を与えた思想家」「経営学の巨人」「知の巨人」などという。毀誉褒貶でいうと、すべて誉褒ばかりといってよい。なるほどドラッカーは、これだけの称賛に値する影響を与えてきた。その熱狂ぶりはすさまじく、ある種神格化された彼の存在はまさに「マネジメントのグル」である。いかにすぐれた人物とはいえ、一個人に対する称賛もここまで来ると、尋常とはいえない。日本でこれほどの存在といえば、他には「経営の神様」松下幸之助ぐらいのものである。幸之助は自ら経営者のキャリアにもとづく経営実践を説いたが、ドラッカーは基本的に第三者的な立場にある理論家でありコンサルタントである。しかも幸之助は同じ日本人であるのに対して、ドラッカーは文化的背景の異なる外国人である。なぜ当初より、日本でこれほどまでに支持されたのだろうか。何が経営者の心をとらえたのだろうか。なぜドラッカーなのか。もとより総じていえるのは、戦後日本の経済成長の歩みと彼の所説の展開が軌を一にしていた、理論と現実・実務の関係としてともに歩み、互いに影響しあう相即的な発展関係にあった、ということではあろう。ドラッカー経営学はあくまでも「現実のための理論」であって、アカデミズム特有の「理論のための理論」ではない。常に変わりゆく現実を直視し、そこから新たに論を説き起こしていくドラッカー経営学は、実務界にとってみればまさに「使える道具」だったのである。その手法の真髄は、「あくまでも何が問題か自分で発見し、どうすればいいか自分で考えて答えを見つけ出し、自分で行動し成果をあげる」ということにある。この行為主体・個人の側に立つアプローチは、業種の違いを越えて、経営者・経営管理者個々の立場からそれぞれの解釈をすることが可能な汎用性があり、また現実的な応用力が高かった。

とはいえ、実務界にとってドラッカーの魅力は、単に実践的な理論というだけではなかった。規範論としての側面をあわせ持ち、経営者が人としていかに行動するかを教え導く人間主義的な温かさをも有していたのである。くわえてそこには、戦後復興にあって新たな方向性を模索する経営者の不安を解消するとともに、生きた人間として彼らが求めるもっとも重要なものがあった。即ち彼ら経営者の存在を正当化し、社会的な地位と役割を付与してくれるものだったのである。ドラッカーのいう「社会の一般理論」にほかならないが、そこには戦後日本の実務界特有の事情があった。ドラスティックな占領政策のもと、財閥解体によって「所有と支配（経営）の分離」が一気に進み、大企業では専門経営者が急速に一般化していった。戦後復興からさらなる産業発展に向かって、彼ら専門経営者が日本経済をけん引していたわけであるが、他方でにわかに台頭した彼らはまだ社会的な存立基盤が脆弱であった。所有にもとづかない彼らがいかに大きな権力をふるおうとも、資本主義における所有の原理からすれば、権力をふるう根拠はなく、社会の単なる根なし草でしかない。表向きはともかく、潜在的な部分で彼らは自らの存在に対する社会的な承認を必要としていた。こうした当時の状況に合致したのが、まさにドラッカーであった。彼は新しいマネジメントという機能的実践をもって、専門経営者がふるう権力を正当化し、また彼らを社会発展の担い手であり不可欠の存在と力強く位置づけることで、まさに社会的な地位と役割を付与したのである。くわえて「目標による管理」ら実践的手法は自主独立・自主裁量即ち自由を最大限生かすものであり、戦後民主化の流れに沿うだけでなく、それを大きく推し進めるものでもあった。つまり彼ら専門経営者にとってドラッカーとは、彼らの社会的な存在意義を裏づけし、さらに彼らの背中を力強く後押ししてくれる、心強い味方だったのである。ひるがえってドラッカーからすれば、彼が求めた「社会の一般理論」二要件充足にうまく成功したところこそ、戦後日本の実務界なのであった。彼らに中間管理職や現場のリーダーをふくめた管理者層は、成長期の企業組織の中で実践しうる新たな経営・管理手法を求めるとともに、新たなサラリーマン層として社会的な存立基盤を潜在的に欲していたのである。かくして戦後日本の実務界とドラッカーの世界は、見事なまでに互いが求めるものを提供する形で共鳴したのである。

その意味で、『現代の経営』(『マネジメントの実践』)はきわめて象徴的である。邦訳出版が一九五六年というタイミングにあって、「企業の目的は顧客の創造であり、そのために必要な機能はマーケティングとイノベーションである」との端的な主張にはインパクトがあった。これによって、当時多くの経営者・経営管理者は自らの社会的な存在意義、即ち社会的な地位と役割をはっきりと見出すことができた。自らマネジメントする目的を明確化し、行動していく動機づけを与えられ、働く意欲をかき立てられ、また励まされ勇気づけられたのである。ドラッカーの著書をくりかえし紐解くたびに、彼ら戦後復興の担い手たる経営者・経営管理者は自らの存在を確かめ直し、明日の前進に向けた糧とすることができた。これからの日本と世界がどうなるか、そこにおけるマネジメントはいかにあらねばならないか、またそのための具体的実践とはどのようなものなのか。戦後復興期にあって今後どうなるか分からないという、不確実性に立ち向かう企業経営者にとって、まさにドラッカーは大きな導き手であった。

そして、新たな意味づけによって、ありきたりの現実にすら開眼させてくれる啓蒙家であり、問題解決へのヒントを与えてくれる教師であり、刺激を与えてくれるモチベーターであり、くわえて広範な領域にわたる知的世界の案内人であった。守備範囲の広いドラッカーというフィルターを通して、時間的な制約のある経営者・経営管理者はビジネスのみならず、人間や社会・政治・経済・世界・歴史や未来のあり様を大きく垣間見ることができたのである。
また、彼ら企業経営者にとってドラッカーは単なる導き手という存在を越えて、社会発展のため共に戦う同志ともいえた。戦後日本の企業経営史を全体から顧みると、彼の存在は日本の実務界にとっては単なる恩師というだけではない。戦後経済をともに手を携えて歩んできた仲間、時代を共有した懐かしい同窓生でもある。つまりドラッカーという存在は、すでに戦後日本の経営文化の中に溶け込み融合してしまっており、もはやその一部といえるほど同化してしまっているのである。さらに彼は温かく見守ってくれる後見人でもあり、つまるところこの上なく頼もしい心の拠り所なのであった。総じて日本の経営者・経営管理者にとって、ドラッカーほど、居心地の良い世界はなかったのである。

これに対して学界でのドラッカー評価は、必ずしも高いものではなかった。独自の歴史観に裏づけられた広範な知識と深遠な認識、問題の発見と解決に向けたフレームワークの提供、そしてオリジナルな着想と先見性など、確かにその卓越したセンスは認められながらも、学問的にみると首肯できない部分があるのである。一見論理的な議論も著書間でみると必ずしも整合的でなかったり、基本的な概念のあつかい方が不明瞭であったりする。長らく大学に籍を置いていたとはいえ、ドラッカー自身の基本的な立場も実務界にあったといえる。彼の視線はアカデミズムの常識ではなく、常に実務界の変わりゆく現実に向けられていた。現実や実践に重きを置くがゆえに、著述は学問的な厳密性よりもジャーナリスティックな表現・展開に彩られている。議論そのものは、確かにきわめて明快である。彼の著書が広く読まれ一般に受け入れられたのは、何よりもこの明快さ、読みやすさ、わかりやすさにある。しかし実はこの明快さこそが、くせ者なのである。歯切れよくまた小気味よく進む文章は、巧みな話術のごとく矛盾や曖昧な点を覆い隠し、読者をいつしかドラッカーの虜にしてしまう。彼の文章には、彼の論理を無批判に納得させてしまう魔力がある。この点も、学界で受け入れられなかった理由である。とはいえ、ドラッカーに早くから注目していた学者も少なからずいた。日本を代表する経営学者であった藻利重隆も、そのひとりである。藻利は日本の経営学界におけるドラッカーの紹介者であり、本格的なドラッカー研究を切り拓いたパイオニアであった。藻利はドラッカーの論述が「ジャーナリスティックな妙味と文明批評的性格とを兼備」し、それが広く読者を魅了したが、「ジャーナリスティックな面白さにのみとらわれていてはならない」としたうえで、ドラッカーを「経営学の金山」と表現した。そしてドラッカーという「経営学の金山」から鉱石を発掘し精錬する、即ちドラッカー所説を科学的に精緻化し、学問的に体系化することをもって、藻利は「われわれ」学者の任務としたのである。「経営学の金山」との表現は、経営学者にとってみればまさに垂涎《すいぜん》の宝の山、研究材料の宝庫ということにほかならない。ここではドラッカーの類まれなセンスとともに非学問性を認めつつ、かかる短所を補うのはドラッカー本人ではないとされている。ドラッカーはあくまでも新たな方向性を指し示す導き手なのであって、彼自身に厳密な学問性を求めても意味がないというわけである。(3)

学者というものを、①オリジナルな考えを提示し、思考の新しい枠組みを創るクリエイター的な思想家タイプと、②既存の枠組み内で既存の思考内容を吟味・検討し、精緻化・体系化するフォロワー的な分析家タイプに大別するなら、ドラッカーはまぎれもなく稀有の①クリエイター的な思想家タイプにあたる。藻利のとらえ方は、端的にそれを言い表している。また、アカデミズムとドラッカーの関係も、このとらえ方に言い尽くされているといってよい。即ちアカデミズムの中にドラッカーをどう位置づけるのか、あるいはどう位置づけるべきなのかという問題に対して、研究上の明確な方向性を指し示すものでもあった。

ドラッカー受容初期におけるこの藻利の指摘にもかかわらず、その後ドラッカー所説を全体にわたって精緻化・体系化する研究は決して多かったとはいえない。なるほど研究の数ではかなりのものがある。しかし「経営学の金山」から所々にしかも部分的に鉱石を発掘することはあっても、それらを精錬し全体として体系化するところまで行き着くものは必ずしも多くはなかった。独特の概念・論法ゆえに、ドラッカーの学問的な精錬化には困難がともなう。角を矯《た》めて牛を殺す、つまり学問的な枠組みにはめて矯正することで逆にドラッカーの旨みを消してしまうことにもなりかねないからである。もとより藻利の問題意識を共有あるいは受け継ぎ、ドラッカー所説の精緻化・体系化に努めた学者も少なからずいた。ドラッカー受容初期にあたる高度成長期(一九五四—一九七三)における業績としては、藻利重隆自身(一九五九)をはじめ、小林宏(一九六六)、寺澤正雄(一九七八)、三戸公(一九七一)、岡本康雄(一九七二)、などがある。しかし日本の学界、そしてアメリカの学界ですら、ついにドラッカーが主流となることはなかった。もちろんドラッカーの重要性はそれなりに認識されてはいるものの、実務界に比すれば温度差があるのは明らかである。学界におけるドラッカーの基本的な位置づけは、やはり学者というよりはジャーナリストだったのである。

こうした実務界と学界の隔たりはあまりにも極端すぎており、不思議といえるほどのものがある。実にドラッカーをして「現代経営学の父」「経営学の巨人」などと実務界が称えれば称えるほど、学界はそれを冷ややかな目で静観あるいは黙殺していた。ごく一握りのドラッカー研究者をのぞけば、長らくそれが基本的な構図となっていった。この隔たりは何であろうか。これほど見事に対照的な評価は、なぜ生じるのであろうか。同じ経営問題をあつかうにせよ、学界が求めるのは論理性や体系性つまるところは「理論」であるのに対して、実務界が求めるのは具体的政策や現実的有効性即ち「使える道具」である。実務界と学界の温度差は、換言すれば「経営学」というものに何を求めるかの違いであるといえるかもしれない。

一般に経営学は他の学問に比して総合的な実践性を志向し、理論というよりは応用を中心とした方法論であるとされる。アカデミズムの知的伝統からすれば、「実用の学」として「実用」に重きが置かれ、「学」としての裏付けはいまだ十分ではない。実務界が求めるものがとにかく実践性であるならば、ドラッカーほど実践的なものはなかった。しかし一方でそれが確たる体系をもっていないのであれば、あくまでも一過性のものとして消え去る運命にあり、世代を超えて受け継がれていくもの、即ち学問とはならない。すぐ役に立つものは、すぐ役に立たなくなってしまうだけである。

ドラッカーという存在は、まさに「実践性」と「学問性」を併せもつ「実用の学」としての経営学そのものが抱える根本的な問題を表しているといってよい。換言すれば、ドラッカーという存在を論じることは、そのまま「経営学とは何か。いかにあるべきか」を論じることに通じている。ドラッカーの毀誉褒貶の多さの根幹には、このように彼の存在の独自性がある。ドラッカーの異名には、「学際的な知の統合者」もある。理論と実践の間にあって、経営学は学としての発展を遂げてきた。そして特に応用科学あるいは総合的な学問としての経営学の道は、ドラッカーにより大きく切り拓かれた。このことは間違いない事実である。そしてそれは、あくまでも彼独自の深い人間観に裏打ちされた経営哲学あればこそ可能なのであった。

後にドラッカーは、行為に知識を適用する歴史的な視点から、現代文明にいたる道程を三段階に整理した。第一段階が「産業革命」（道具・工程・製品への知識適用、一八世紀以降）、第二段階が「生産性革命」（仕事への知識適用、科学的管理法以降）、第三段階が「マネジメント革命」（知識への知識適用、第二次世界大戦後以降）である。そして、第二次世界大戦後マネジメントの導入に成功した国のみが先進国となることができたとする。この図式にならえば、第三段階「マネジメント革命」当初の代表例にあたるのが、まさに戦後日本の経済発展ということになる。ドラッカーと戦後日本、両者はマネジメントについて、理論とその実践の場として共進化していったのである。

第四節　なぜドラッカーはマネジメントを生み出したのか？

一　「社会の一般理論」という課題

ドラッカーにより生み出されたマネジメントは、第二次世界大戦後の日本をはじめとする世界経済・企業の発展をリードするものであった。既述のように、マネジメントの導入に成功した国のみが、先進国となることができた。マネジメントは、まさに画期的な発明だったのである。マネジメントは一般に「管理」や「経営」と訳され、さらに学問として「経営学」とも訳される。しかしドラッカーのいう「マネジメント」は、これらの訳語で含意すべてが言い尽くされるものではない。「マネジメント」は翻訳不能といわれる。つまりそれはあくまでも原語の「マネジメント」という言葉で表現されることによってはじめて、それ特有の概念的な広がりと奥行きを示しうるのである。

もとよりマネジメントには、功罪両面があったのも否めない。経済的な成果即ち私的利益を追求するあまり、環境問題に代表される人間にとって本質的な部分がしばしば副次的にあつかわれることもあった。機能重視の傾向は人間的な価値を等閑視し、何のために行うのか本来の目的をかすめてしまう。マネジメントが成果をあげるためのものであるならば、そこには効率性・競争性のみならず人間性・社会性も備えていなければならない。そもそもマネジメントは、人間の本質にして理想「自由の実現」をメイン・テーマとするドラッカーの手によって生みだされたものである。このことの有する意義こそ、何にも増して強く受け止められねばならない。最後に本章のまとめとして「なぜドラッカーはマネジメントを生み出したのか？」という一点にフォーカスしてこれまでの内容を整理しながら、マネジメント誕生の意義を大きくとらえ直してみることとする。即ちマネジメントとは何であるのか、ドラッカーの真意を改めて問いただしてみたい。これこそが何よりも本章執筆の責任、いや使命にほかならないと、筆者は強く受け止めるからである。

反全体主義者として言論活動を開始したドラッカーは自由を求め、戦後世界において新たな産業社会を「自由で機能する社会」たらしめようとした。そこで掲げたのが、「社会の一般理論」即ち社会が社会として機能するための二要件（①一人ひとりの人間に社会的な地位と役割を与えること、②社会上の決定的権力が正当であること）の充足であった。①は人間一人ひとりの個性を生かして機能させ、居場所を与えるコミュニティ（共同体）実現の問題であり、②はかかるコミュニティを全体として機能させ、まとめる力を現実化するガバナンスの問題である。現代の代表的な組織現象即ち大量生産工場と株式会社は、これらを充たしていない。いかにすべきか、と。①については、大量生産工場は伝統的なコミュニティを融解し人々を労働者として組織するものの、彼らに人間個人としての社会的な地位や役割を与えるどころか奪ってしまっている。②については、株式会社は「所有と支配（経営）の分離」をもたらし、その経営権力を財産権にもとづかない非正当なものとした。実にドラッカー当初の中心的論点は、かかる二要件をいかに充足させていくのかということにあった。こうして彼は二要件充足の場として企業への関心を高め、未踏の経営学の領域に入っていく。そして独自のマネジメント概念を創りあげ、「マネジメントの発明者」とまで称されるにいたったのである。しかし、その後社会構想の転回もあって、かつての二要件がそのままの枠組みで真正面から再び論じられることはなかった。以下、ドラッカー経営学当初の企業論やマネジメント論においてかかる二要件がどのようなポジションを占め、個々の領域の中でどのようにかかわりあっているのかについて検証する。とりわけ「経営学者ドラッカー」および「マネジメントの発明者ドラッカー」誕生前後における二要件の重心移動と変容をたどることによって、ドラッカーがマネジメントを生み出した意図とねらいを浮き彫りにしていくこととする。

二　企業論における二要件

『産業人の未来』（一九四二）で二要件充足問題を設定した後、『企業とは何か』（一九四六）をもって、「経営学者ドラッカー」は誕生した。望ましい産業社会の建設に向けて、当初よりドラッカーは二要件に関する具体的な場として企業に注目していた。そしてつづく『新しい社会と新しい経営』（一九五〇）で、二要件充足問題へ一応の解答を提出することになる。経営学としてみれば、この時期の問題意識は企業論とりわけ「企業と社会」にあったといえる。

ここにおいてドラッカーは企業を「産業企業体」とし、自律的な社会的制度と位置づける。「所有と支配（経営）の分離」によりもはや特定個人のものではなくなり、社会と個人をとり結ぶ制度と化したのである、と。そしてそれを決定的制度・代表的制度・基本的制度という三重の存在としてとらえる。ここでポイントとなるのが「所有と支配（経営）の分離」のあつかいである。先の二要件設定時には、「②社会上の決定的権力が正当であること」を充たさない原因とされたものが、ひるがえって企業の社会的な制度化をもたらす要因としてここでは積極的に評価されているのである。

そして社会的制度としての企業が果たすべきものとして、ドラッカーは経済的機能・統治的機能・社会的機能をあげる。統治的機能・社会的機能とは、まさしく二要件を充足すべくそのまま組み込んだものにほかならない。しかし三機能の中ではあくまでも経済的機能が第一であり、いかんせん統治的機能や社会的機能との軋轢がともなう。国家のごとく従業員を統治するという意味での統治的機能は、従業員の統治そのものが目的ではないため、経営権力は正当なものとはいえない。ただし企業が社会的な期待にこたえる制度になったということをもって、ドラッカーは必ずしも非正当ともいえないとする。また社会的機能については、労働者に地位と役割を与える場として、ドラッカーは工場共同体に大きな期待を寄せる。そこにおいて経営者的態度をもって労働者は責任ある参加を果たし、また彼らの活躍によってさらには工場共同体の自治が実現されるのだ、と。

つまりここでの二要件問題に対するドラッカー自身の解答は、企業制度がその充足の場でありながらも、やはりそれでは収まりきらない部分があることを認めるものであった。そこで企業を社会的な制度としながらも、かかる枠組みに収まりきらない部分をいかに収まりつけていくか、即ち真の意味で企業を社会的に制度化しようとするものでもあったのである。その意味で、彼の制度論は制度化論でもあった。このような実現に向けて自ら行為していくアプローチは、後のマネジメント論に受け継がれるところでもある。さしあたりこうした企業の社会的制度化への期待をもって、ドラッカーにおいて二要件問題は一応の区切りがつけられたのであった。

三　マネジメント論における二要件

『現代の経営』（一九五四、『マネジメントの実践』）をもって、「マネジメントの発明者ドラッカー」は誕生した。本書において総合的な意味でのマネジメント概念が誕生したのである。後の社会構想の転回に照らし合わせてみれば、二要件問題解決の場として企業からマネジメントへシフトしはじめたのもここからということになる。以下、マネジメント概念、管理論・組織論、戦略論における二要件についてみていく。

まずマネジメント概念における二要件はどうか。ドラッカーはマネジメントというものを、産業社会のリーダー的な、社会・文明における基本的かつ支配的な機関であると高らかに宣言する。経済発展の責任を託されたマネジメントは、経済的な成果をあげることによってのみ、その存在と権威を正当化されるのである。即ち経済的な成果の達成を第一目標に掲げ、その達成に向けてメンバー個々の有機的な組織化を行い、またかかる成果の達成によってマネジメント権力による権限関係が正当化されるとする。これは組織全体の「目標による管理」にほかならないが、メンバー個々が組織内において地位と役割を与えられるとともに、マネジメント権力正当化の視点が織り込まれていることは明らかである。もとよりマネジメント権力正当化の根拠を成果の達成に求める点は、二要件設定時とは立論を異にするものではある。

さらにマネジメント概念においてポイントとなるのが、その総合性である。たしかに当初より総合的な概念として提示されていたとはいえ、その意味するところはきわめて広範である。行為（管理・経営）や行為者（経営者・経営陣）のみならず、企業・組織をふくむ制度・機関、さらには「現代社会の信念の具現」というように一種の思想までもがその範疇にある。なるほど二要件問題解決の新たな場としてマネジメント概念が設定されたとすれば、ドラッカーにおいてそれは単なる行為・実践概念だけでは済まされない。二要件を充足し、ひいては「自由で機能する社会」を実現するすべてのものがマネジメント概念に組み込まれ、またマネジメントの名のもとに集約されねばならない。したがって、その行き着く先はイデオロギーや思想の次元ということとなる。かくして企業論の枠組みにおける二要件充足の不徹底ぶりを受けて、新たに二要件充足の徹底をはかるべく、ドラッカーが心血を注いで提示したのが、まさにマネジメント概念であったと理解することができるのである。

組織論・管理論としてみれば、当初ドラッカーが念頭に置いていたのは分権制、またその具体的展開としての事業部制であった。権限委譲によって、下位メンバーの自由裁量権を拡大させる手法である。ここでは権限委譲がポイントとなる。全体的な統制（トータル・システム）と個々の自由（サブ・システム）に関する度合いとバランスの問題である。ドラッカーは、組織メンバー個々のモチベーションを高めるのに、責任を持たせることほど有効なものはないとする。権限を与えることによって、それに応じた責任が生まれる。それは自らだけでなく組織全体のためにという二重の視点を持たせることを可能にする。さらにメンバー個々は「自分にできる貢献は何か？」を自問し、明確化することによって、自らの地位と役割を定め、組織全体への貢献とやりがいなど自己実現を果たすことができる。こうした経営者的態度（視点）において、組織と個人の利益が同時に実現されるとするのである。ドラッカーはこのようにしてマネジメントへの当事者意識を持たせるとともに、全体的な統制のために共同体意識を持たせることの必要性も説いている。

また、メンバー個々においても「目標による管理」が大きな役割を果たす。具体的な目標の設定によって、いかに動きいかに成果をあげるか個々の自主性にゆだねる自己責任・自己管理の手法としてである。そこには、組織が組織として有効に機能するための条件として、個を強調する視点がある。組織における個人のあり方として、個人の側の自律化をうながし、組織の単なる歯車のひとつではない人間の可能性を生かす視点がある。権限委譲による自由裁量権拡大、そしてそれにともなう自己責任と自己管理の活用である。二要件問題としてみれば、個々が自らの力で自らの地位と役割を見つけ出し、自らの力で獲得する。つまり委譲された権限を正当なものとすべく、経営者的態度をもって組織全体に貢献していくことになる。

経営戦略論としてみた場合の二要件はどうか。事業戦略最初の書という『創造する経営者』（一九六四）での主張は要するに、選択と集中を徹底して行い、そこで何よりも個々自らの強みを生かすということにある。この「選択と集中の徹底」即ち「強みへの集中」については、ドラッカーが随所で繰り返し強調しているところである。「個々自らの強みを生かすことに集中する」ということが、「自らにしかない個性をできるかぎり生かす」ということに他ならないこと、つまり個性とは発揮するものであるとの認識を見て取ることができる。このドラッカー戦略論のポイントは『経営者の条件』（一九六六）でも、セルフ・マネジメントの手法として個々人に適用されている。「行為主体個々の自由度を増し、それぞれの個性を最大限発揮させる」との考えは、二要件問題としてみれば、やはり個々が自らの力で自らの地位と役割を見つけ出し、自らの力で獲得するものといえる。

かくしてマネジメント論における二要件充足問題は、『マネジメント—課題・責任・実践』（一九七三）をもって一応の決着をみることとなる。『現代の経営』（『マネジメントの実践』）から二〇年後、総括的な決定版として上梓された本書は「実践」に「課題・責任」がつけ加えられ、まさにマネジメントを企業のみならず組織体全般に適用する普遍的なものと決定づけたものである。そしてドラッカーがここで結論に持ってきたのが、「マネジメントの正当性」であった。『現代の経営』での結論「マネジメントの責任」にかえて、正当性の問題を結論としたのである。業績をあげているというだけでは、正当性の根拠として従来は不十分であった。経営者が正当な権限者として是認されるために必要なのは、「道徳律」（a principle of morality）である。道徳律の根拠は、組織の目的と特性、および制度それ自体の本質におかなければならない。そしてそれこそが「人間の強みを生かすこと」である、とドラッカーはいう。組織というものが、人間個人がコミュニティのメンバーとして貢献・達成するための手段であるならば、彼らの強みを生かしてやることが組織の目的でありマネジメント権力の基盤となる。それは、資本主義の原理「私人の悪徳は公共の利益になる」とは異なる基盤である。こうしてドラッカーは、マネジメントを担う経営者は「公人」でなければならないと述べる。組織の道徳的責任即ち人間個人の強みを生かす責任をもった「公人」でなければならないとして、本書を締めくくっている。

二要件充足の問題としてみれば、ここでは二要件がそのままの枠組みで論じられているわけではない。要件②のみが論じられる形となっているが、しかしそこには「人間個人の強みを生かすこと」即ち一人ひとりの個性を生かして機能させるという、要件①の視点が織り込まれている。要件②に、要件①が集約されたものとなっているのである。つまりここでポイントとなるのは、要件②「権力正当性」の根拠が、要件①「コミュニティの実現」にかかっていることである。そしてそれを成し遂げるのがマネジメントにほかならないとされるのである。組織目的を社会的な道徳律に据え、かかる社会的な道徳律を「人間個人の強みを生かすこと」とする。ここにおいてマネジメントは真の意味で社会的制度となるとともに、社会もまた真の意味で「機能する社会」となることができる。ドラッカーがめざしたのは、「私人の悪徳が公共の利益になる」社会ではなく、「人間一人ひとりの強みが公共の利益になる」社会であった。資本主義にかわる新たな社会、一人ひとりが自分の居場所で自在に個性を発揮して生き生きと働き、またそれが全体として有機的に結びついた社会である。こうして二要件充足の問題は、ドラッカーにおいてマネジメントが道徳的存在となれるかどうかという期待をもって、一応の結びとされたのである。それは、マネジメントが「人間個人の強みを生かすこと」ができるかどうか、否、なんとしてもマネジメントにこそやってもらわなければならないという強い期待である。期待というよりは、決意あるいは信託といった方が適切かもしれない。この信託をもって、一応の結びとされたのである。

四　マネジメントとは何か?

以上みてきたように、ドラッカー経営学当初の企業論やマネジメント論には、陰に陽に二要件充足が強い問題意識として存在している。実にこの二要件の充足をめぐって、彼の思索は企業からマネジメントにたどりつき、それを新たな概念として誕生せしめたといえる。企業論という枠組みにおいて二要件を充足しきれなかった彼は、充足に向けた新たな枠組みそして具体的な実践的手法として、マネジメントを編み出したのである。否、なんとしても「自由」を実現すべく、マネジメントを編み出さざるを得なかったのである。なるほどそこには、第二次世界大戦後の冷戦構造という背景があった。この時期、彼の筆致は自由主義世界の防衛という色彩を強めていたが、その中で生み出されたのが新しいマネジメントなのである。メイン・テーマ「自由の実現」とのかかわりにおいてみると、その具体的な目標として「自由で機能する社会の実現」が二次テーマに掲げられ、そこにおいてまずもって克服すべき課題として三次テーマ「社会の一般理論」即ち「機能する社会成立の二要件充足」問題が設定されたとみることができる。かくしてメイン・テーマ「自由の実現」(理念・目的)、二次テーマ「自由で機能する社会の実現」(めざす目標)、三次テーマ「機能する社会成立の二要件充足」(克服すべき現実的な課題)を体現したものこそがマネジメントであり、具体的な手法としての分権制、「目標による管理」にほかならなかった。このように二要件充足への渇望が直接的な契機としてマネジメント概念を誕生せしめたとすれば、ドラッカーにおいてマネジメントとはあくまでも「社会を社会として機能させる」ためのものであった。つまり社会のためのものであり、社会的存在としての人間一人ひとりのためのものにほかならなかった。

もとより二要件は重心移動と変容をきたし、①「一人ひとりの人間に社会的な地位と役割を与えること」は「組織人一人ひとりの地位と役割の付与あるいは自力獲得、そしてその確立化」へ、②「社会上の決定的権力が正当であること」は「マネジメント権力の正当化およびマネジメント原理の確立化」へと、より組織社会に適合した形で明確化されるところとなった。『新しい社会と新しい経営』以降、二要件がそのままの枠組みで真正面から再び論じられることはなかったが、総じて二要件は「社会が社会として機能するための要件」から、「社会的な企業・組織・マネジメントが、社会的な企業・組織・マネジメントとして機能するための要件」へ、発展的に解消あるいは潜在化したのである。

かくして二要件充足問題は、『マネジメント――課題・責任・実践』において一応の決着をみる。ここでは要件②「マネジメント権力の正当性」問題は、要件①「コミュニティの実現」問題を集約したものとして論じられる。即ち要件②「マネジメント権力の正当性」の根拠が、要件①「コミュニティの実現」＝「人間個人の強みを生かすこと」に据えられている。要件①を充足することによって、要件②も充足されることになり、そしてそれを可能にするものはマネジメントをおいてほかにない。つまりマネジメントが正当であるためには、自ら要件①を充たすことによって自らを正当化しつづけなければならない、ということとなるのである。マネジメントはあくまでも機能的存在である。こうしてドラッカーにあって二要件充足ひいては「自由で機能する社会」「自由」の実現すべてが、マネジメントに託されたのである。とはいえ、われわれはここで想起してしまう。かつての企業論における二要件充足の不徹底ぶりを。そこでのドラッカーも未来への期待をもって、さしあたりの区切りをつけてしまったではないか、と。そしてさらに思うのである。こうした企業論における二要件充足の不徹底ぶりを受けて生みだされたのが、ほかならぬ新しいマネジメントではなかったか。それでもやはり十分に徹底され尽くしたとはいいがたいではないか。マネジメント論も結局のところ、徹底しきれない部分については未来への期待で終わるだけなのだろうか、と。ただし、ここではかつての企業論における時ほど、歯切れの悪いものではない。マネジメントはあくまでも実践即ち具体的な行動であり、たとえいまだ不徹底の部分があるとしても、これから自ら補い充足していくものだからである。自ら行動し、やがては二要件充足を徹底していく。ドラッカーは、これからのマネジメントにこそ、望ましいあり方の到来を強く信じ、そこに託したのである。マネジメントは、そのような未来への人間の可能性をもふくんだものなのであった。

かくみるかぎり、理論体系全体としては無視しえない問題のあるドラッカー所説も、メイン・テーマ「自由の実現」からとらえるならば、決してぶれることなく見事なまでに首尾一貫しているといえる。理論体系としてのほころびは、目的意識の強力な貫徹ぶりの裏返しにほかならない。否、むしろメイン・テーマ「自由の実現」のために、彼は理論的体系性の呪縛から意図的に逃れたといった方が適切であろう。企業にかわる二要件充足の場として新たなマネジメント概念を生み出した『マネジメントの実践』(『現代の経営』)は、いわば「二要件充足のための実践」即ち「コミュニティ実現化のための実践」「経営者支配正当化のための実践」であり、「自由で機能する社会実現化のための実践」つまるところは「自由実現化のための実践」と読み替えることもできる。ここに二要件充足問題は、単に客観的な要件を提示するだけで解決策が見いだせぬまま終わってしまう、ありきたりのコミュニティ論や正当性論ではなくなり、自ら解決策を提示すべく主体的に行動していく実践論となった。即ちコミュニティ実現に向けていかに行動していくかというコミュニティ化論、正当でないマネジメント権力＝経営者支配をいかに正当化していくかという正当化論となったのである。(4)

このようにドラッカーにあってマネジメントとは、二要件を充足し、「自由で機能する社会」そして「自由」を実現するものでなければならなかった。なるほどそこには、社会主義・共産主義からの自由主義世界の防衛という、差し迫った時代の要請があったことも見逃しえない。「機能する社会」二要件の充足を課題とする以上、その論理的な根拠は成果を達成するための機能に据えられることとなり、要件②権力正当性の根拠即ちガバナンスの問題も、所有から機能へと移しかえられた。ここに彼は新たな社会観、即ち所有を根拠とする財産社会＝資本主義にかえて、機能を根拠とする新たな組織社会の原理を提示したのだとみることも可能である。そしてかかる機能が集約されたものが、最終的にはマネジメントに行き着くことになる。かくしてドラッカーにおいてマネジメントという存在は、しだいに思想の次元まで高められていかざるを得ないのである。

しかし機能を根拠とするがゆえに、彼のマネジメントはややもすれば人間性・社会性を看過し、冷徹な効率性・競争性のみに特化してしまう危うさをも持ち合わせていた。ここにマネジメント概念は父ドラッカーの手を離れ、それ自身が独り歩きして世間一般に受け入れられてしまうこととなった。私的利益の追求だけを目的とするもの、金もうけの手段、あるいは目的のためには手段を選ばないものといった、資本価値増殖の飽くなき合理性の権化のごときイメージがそれである。そして、それは冷酷かつ非人間的、非人道的なネガティブなものにまで行き着く。例えばドラッカー・マネジメント論の要である「目標による管理」はまさにメンバー一人ひとりに責任ある選択を行わせる＝「自由」を体現した管理手法にほかならなかったが、いつしかノルマ管理の手法として普及してしまい、利益至上主義をもたらし、人々を苦しめるものと認知されるところとなった。もとよりそれがドラッカーの真意でないことはいうまでもない。

「技法」（アート）を、「技」＝機能と「法」＝規範の二つから成るととらえるなら、ドラッカーのマネジメントほどその両面ともすぐれていて、なおかつ両面が見事に一体化した「技法」はない。もとよりドラッカーの手によってはじめて、総合的なマネジメントは学習できる知識体系即ち科学（サイエンス）となることができた。しかも、それは単なるサイエンスにとどまるものではない。彼のマネジメントは、まさにサイエンスを超えたという意味でのアートなのである。ややもすれば「技」＝機能・テクニック、いわばクールでドライな部分が強調されてしまうが、もうひとつの側面そして本源的な「法」＝規範即ち人間的価値、いわばウォームでウェットな部分こそ、ドラッカー・マネジメントの真髄にほかならない。彼においてマネジメントとは、人間の本質にして理想「自由」の実現に向けて、全身全霊をかけて生みだされたものであり、いわば彼のすべてを託したものであった。かくして彼は執筆を重ねるにつれ、機能上必要なものを次々とマネジメント概念に組み込んでは集約しつづけていった。その結果後にはマネジメントは概念的に肥大化してしまった感は否めないものの、自由主義世界を象徴する一大思想となりおおせたのである。

自立した存在として人間個人を尊重し、彼らの自主裁量によって責任ある選択を行わせる。人間一人ひとりがそれぞれの居場所でそれぞれの個性を最大限発揮して、自らのみならずコミュニティそして社会全体にも最大限望ましい成果をもたらす。つまりその担い手たるマネジメントとは、ドラッカーにあって徹頭徹尾人間や社会・文明のためのものでしかない。あくまでも自立した存在としての人間、「自由」＝「責任ある選択」を行う人間一人ひとりの無限の可能性を信じ、そのための実践的技法としてマネジメントは誕生した。なぜドラッカーはマネジメントを生み出したのか？　それは「自由」＝「責任ある選択」を実現する、即ち人間を真の意味での人間へと高めていくためにほかならない。このドラッカーが生み出した偉大なマネジメントを受け継ぐ、否、いやがうえにも受け継がざるを得ないわれわれは、一人ひとりが心を持った人間としてこのことを決して忘れてはならない。

（春日　賢）

注

（1） Beaty, J.. *The World According to Peter Drucker*, 1998.（平野誠一訳『ドラッカーはなぜ、マネジメントを発明したのか』ダイヤモンド社、二〇一一年、一六八頁。）

（2） セルフ・マネジメントの書である本書をして、訳者上田惇生教授は「万人の帝王学」と評し、原題 *The Effective Executive* の真意を「できる人」としているが、まさに的を射たものといえる。

（3） 藻利重隆『ドラッカー経営学説の研究』森山書店、一九五九年、一―三頁。

（4） 三戸　公『ドラッカー、その思想』（文眞堂、二〇一一年）をぜひ参照されたい。

第三章　マネジメント（論）の成熟化

――知識活用とグローバル化を中心として――

第一節　マネジメント・パフォーマンスの時代へ

一　マネジメントの発展

ドラッカーは、マネジメントを産業社会の急速な発展の原動力と位置づけ、産業社会の進展に伴うマネジメントの新たなパラダイム転換を示唆し、新たな時代を指摘した。マネジメントは、大企業を中心に導入されて種々の成果へと結実することによって、社会における企業の役割・機能、そして企業の社会に対する影響力が新たな段階に突入していった。企業は、その中枢的機能である経済的機能のみならず、社会的機能や統治的機能をも果たし、社会の諸側面での発展にも貢献する一大機関となった。即ち、大企業におけるマネジメントは、社会的成功をあらわすことになったのである。

実際、ドラッカー自身、この当時（一九五〇年代）のアメリカ経済において、大規模企業への成長を遂げつつあった大企業でマネジメントの重要性を認識している。例えば、一九六四年の著である

Managing for Results（『創造する経営者』）において、彼はコンサルティング業務の経験を踏まえ、GMやIBM、デュポンなどの事例をあげた。そこで、当時の企業が新たに直面する問題を指摘し、マネジメントが挑戦すべき新たな課題や有効性を見出し、さらなる理論的発展を試みてきた。マネジメントの理論的発展は、当時の経済成長という背景も相まって、個々の企業の成功・経済成長・社会発展の一大要素とされることになった。マネジメントは、あらゆる規模・分野の企業へと一段と普及し、活発に取り組まれることになっていった。

それは、マネジメントが成果をもたらしたため、同時に、人々にマネジメントに対する過剰な期待、即ち〝万能な道具〟としてのイメージを増幅させていった、とドラッカーは評価する。いわゆる〝マネジメント・ブーム〟が招来されたのである。

しかし、あらゆるブームは必然的にいずれ終焉を迎えざるを得ない。マネジメントの成功は、先進国の経済・社会が発展していく過程において、マネジメントに対して新たな問題と課題を提起していった。ドラッカーは、一九六〇年代以降、〝マネジメント・ブーム〟を支えてきたマネジメントの知識が陳腐化し、急激かつ根本的な社会や経済の構造的な変化、いわゆる〝断絶の時代〟に対応できなくなったことを指摘した。

社会は、大企業を中心とする単純な構造の産業社会から、数多くの各種組織によって構成される多元的な構造の多元的組織社会へと変貌しつつあった。主要産業は、肉体労働を必要とするものから、知識を重要な要素とするものへと移行しつつあった。また、そのような産業の変質と高等教育の普及によって、まったく新しい労働者像、知識労働者が出現した。さらには、福祉国家政策が破綻したことによって、各種サービス組織にマネジメントを導入することが社会的にますます重要なものとなりつつあった。**ここで言う知識労働者とは、伝統的な知識労働者（医師、弁護士、科学者、聖職者、教師など）に加えて、高度な専門知識や技能を備え、組織において独立した専門家として貢献を果たす管理者やテクノロジスト（肉体労働にも従事し貴重な暗黙知を携えた技術者、コンピューター・エンジニアやX線技師など）といった当時では新種の労働者である。**

ドラッカーは、このようなマネジメント・ブームが、一九六〇年以降から急速に終息し、マネジメントに対するまったく新しい要求が高まったことを、継続性の中での変化から逸脱した断絶という変化として捉え、それら断絶の変化によって形成される時代を指して「断絶の時代」の到来を提起したのである。

そして、マネジメントに対する新しい要求とは、後述するが、組織を取り巻く諸環境の不安定に対処しうる起業家的な経営者の養成、新たな労働者である知識労働者の生産性、あるいは多国籍企業の躍進に対応した多様な文化および慣習を許容するマネジメント、そして、福祉国家政策の破綻と各種組織の生成・発展に伴う「生活の質」の向上などである。ドラッカーは、これらマネジメントへの新たな要求について、一九六九年の著作である *Age of Discontinuity*（『断絶の時代』）において、マネジメントには多くの局面で新たな機能と役割が期待されるようになったという認識を示した。つまり、マネジメントによる具体的な成果が求められる「マネジメント・パフォーマンス」の時代への変化を措定したのである。

なお、〝マネジメント・パフォーマンス〟においてドラッカーが示唆するマネジメントとは、大企業に限定しない幅広い組織を対象とし、組織の成果追求に不可欠な〝知識〟であると同時に、エグゼクティブ（経営意思決定者）を含めた経営管理者層の在り方をも包含していると解釈できる。したがって、そこでは、経営者層の業績管理体制や企業の統治システム、さらには管理者レベルにおけるマネジメント実践の原理・原則が幅広く論じられている。つまり、パフォーマンスは、マネジメントの理論的発展に止まらず、マネジメントを実践する経営管理者層の発展、そして成熟化をも意味していると理解できる。

二　断絶の諸現象

（一）　経済と社会の乱気流時代

まず、断絶の第一は、一九八〇年の著作 *Managing in Turbulent Times*（『乱気流時代の経営』）に提起された一九七〇年代の先進諸国における乱気流時代の到来である。先進国では、経済や社会、政治といった個人や組織を取り巻く環境、あるいは個人や組織そのものの構成が、激しくも絶えざる変化の構造に組み込まざるを得なくなっていったと分析されている。ドラッカーは、以下に示す二つの具体的な経済構造ないし社会構造上の変動要因をかかげ、彼自身、経済・社会構造の変化に対応したマネジメントの発展を試みた。

一つは、変動を必然のものとする真にグローバルな世界経済と情報爆発によって出現した情報化社会の発達によって起こされた乱気流である。今日において、経済的・文化的に見ても、また国際市場から見ても、日々、国境による垣根が低くなっている。ただし、世界各国の国家体制に基づく境界線は、依然として存在している。諸国家は、企業のみならず、種々の組織、そして個々人に至るまで幅広く制約を設け、国益を追求している。また、特定の国についても、諸国家から構成される世界の体制についても、いずれにしても依然として諸国家の果たすべき役割や責任は大きく、重大な影響力を行使し、また国家体制が維持されていくためにも中枢の機関であることには他ならない。

しかしながら、今や地球規模での事業展開を図っているグローバル企業が、二〇〇五年世界貿易機関の統計によれば、全世界の貿易額の四〇%以上を占める経済活動を担い、世界経済とともに国家経済にも重大な影響力を有している実態がある。かつての多国籍企業は、特定の地域に本拠を構え、事業拠点を集約させ、海外への販路開拓を通じて貿易を展開していたにすぎなかったため、多国籍企業が世界経済や諸国家に及ぼしうる影響力は限定であった。一方、今日、地球規模で事業展開を図っているグローバル企業は、企画・生産・販売など、企業を支える機能を分散させ、あるいは複数地域に拠点を構え、特定の地域に限定されない事業展開を行っている。したがって、グローバル企業は、かつての多国籍企業とは比較にならないほど、多くの地域の雇用や生産を支えうる役割を担っており、世界各国の国家経済に重大な影響力を持つ存在となっている。グローバル企業にとって重要な経営環境である為替相場や諸国家間の貿易協定、通貨統一によるブロック経済化の推進など、それぞれの地域における経済・社会の在り方のみならず、国家の在り方までもが再定義されつつあると言っても過言ではない。

ドラッカーの示唆した当時の乱気流は、まさに今日に続く構造的変化の予兆的現象であり、同時にマネジメントに対して重大な課題を提起していた。全世界を覆う地球規模での一つの統合された経済圏、それによって形成されたグローバルな市場は、主権国家の衰退とその重商主義的政策の無効化をもたらした。新たな経済・社会構造や政府の財政的限界に鑑みれば、政府による企業や国民の経済活動への支配はもはや不可能であり、企業や国民の利益を実現するに有効であるか不確実である。また、世界経済の関係性の中でこそ国家経済が成立しうるほど、他諸国と相互依存関係が成熟化している今日において、短期的な国益を最優先とする保護主義的政策が、有益な効果を企業や国民にもたらしうるとは限らなくなっている。つまり、特定の国家が世界経済の基軸となり、世界経済の趨勢を統制することが困難になったのである。したがって、ドラッカーは、これら世界経済と諸国家経済に鑑みて、世界経済の秩序たるべき基軸通貨を崩壊させ、変動相場制のもと世界経済に焦点を合わせざるを得なくなった先進諸国経済が常に不安定にならざるを得ない、と分析した。

そして、彼はこれら情勢を踏まえて、マネジメントの課題と理論的発展を示唆した。規模の大小を問わず、また地域的な企業であろうとなかろうと、あらゆる企業が地域市場の枠組みに固執することなく、国際的な事業活動を志向しなければならない。あらゆる市場を求め、また有利な生産活動を求めて、一つの集約された生産工程ではなく、国際的に組織化された最適な原料の調達、生産、流通、販売のシステムが必要とされる。かくして、ますます多くの企業が、世界経済の不安定性から免れ得なくなり、グローバルな事業展開を余儀なくされるようになってきた。

また、以上のような変貌する世界経済に由来する不安定性を助長するかのごとく、アメリカをはじめとする先進諸国においては、その当時、資金や信用などのシンボル経済が台頭してきた。後述する年金基金の資産規模の拡大や労働者の可処分所得が向上したことなどによって、多くの先進諸国経済において、巨大な余剰資本が創出された。そして、電話や衛星通信といった情報メディアが発達してきたことを契機に、それら巨大な余剰資本は、さらなる利潤を求めて国境を越え、過剰に流動性をもつようになった。かくして、先進諸国経済は、情報を主導要因とするシンボル経済が実物経済を支配するという情報化経済へと移行した。流通する情報の如何によって、先進国経済は激しく変動するようになっていった、と彼は分析していた。

これらドラッカーの分析は、他の論者に先んじて、昨今における世界経済の不安定性の一大要因である「投機マネーの暴走」を、他に先んじて指摘したものである。我が国におけるバブル経済崩壊前後から先進諸国間で創出された余剰資本は、先進諸国の金融市場のみならず、新興諸国の資本市場にも流入し、世界各国の経済基盤に深刻な影響力を持つようになった。ドラッカーは、マネジメントの新たな課題を次のように見据えていたと理解できる。

それ故、あらゆる組織およびその経営者は、変化をできる限り予測し、それによって被りかねないリスクを最小限に抑制すべく、常に変化に対応した確固たる事業基盤を常に形成していかなければならない。組織的に積極的かつ精確に情報を処理する能力を向上させなければならない。つまり、乱気流時代の変化に対応すべく組織にはリスク管理能力が求められ、マネジメントには、それらリスク管理能力を向上すべく事業基盤の強化が提起されたのである。

さらに、もう一つの乱気流は、今後も変化する人口構造である。特に労働力人口の構成上の変化は、先進国の産業構造の変化に対応できないほどに急激なものとなり、先進諸国において求められている産業労働力との間に大きなギャップを生じさせ、経済や社会、政治そして各種組織の構造そのものに乱気流を発生させている。アメリカ、ドイツ、日本などの先進諸国では、一九八〇年以降、高度経済成長を背景にして、急速に出世数や出生率が低下し、少子化が進行していった。また、教育水準の向上と高等教育の普及が、労働力人口の労働市場への参入年齢を大幅に引き上げ、若者の仕事やキャリアに対する期待やニーズまでも大きく変化させていった。先進諸国では、国内産業の中核であった製造業を支えるに足る若い肉体労働者を確保できなくなり、肉体労働者の不足した事態にある。

その一方、新たな労働力構成として増大する多様な労働力が、供給過剰となっていった。技術革新や道具の発達によって、労働者への肉体的負担が低下したこと、あるいは労働そのものが肉体労働から知識労働へと質的変化を遂げたことによって、労働者の平均寿命と就労可能な年限は大幅に伸張した。それによって、十分に精神的・肉体的に就労可能な定年退職後の高齢者が、いまや人生第二の仕事を必要としている。また、高等教育が社会的成功の一つの条件となるようになったため、肉体労働には不適格な労働者たる知識労働者が急速に増加しつつあった。即ち、先進諸国では非肉体労働者が供給過剰な事態にまでなったとされたのである。

したがって、これら労働力の需給関係における均衡を保つため、先進国では、肉体労働から知識労働を中核とする産業構造へと転換しなければならなくなった。煙突産業のように肉体労働者を多く必要とする製造業は、プロダクション・シェアリング[1]を積極的に進めることによって、肉体労働者が供給過剰な状態にある発展途上国へ生産拠点を移転させ、先進国では供給過剰な状態にある知識労働者に対して、製品の開発や企画など新たな知識労働を生み出さなければならなくなっている。かくして、労働力人口の変化が、産業構造に大幅な変化をもたらし、乱気流の経済情勢を招いてきたのである。また、先進国の供給過剰な労働力の一部を構成する高齢者、定年退職後の年金受給に依存する高齢者は、消費性向の高いライフ・スタイルをとる為、経済全体のインフレ圧力となりうる点で経済的問題をもたらしかねない存在となっている。いや、それ以上に彼ら高齢者は、非労働力として社会参画の機会が乏しいため、精神的な不充足や閉塞感を感じ、深刻な社会的問題をもたらしかねない存在となってきた。

その他、フルタイム、パート・タイムあるいはアルバイトなど雇用・就労形態の多様化によって、定年退職後の高齢者以外に、既婚女性労働者、あるいは学生が、新たな労働力人口を構成するようになり、人的資源管理上、大きな転換の必要性を示唆してきている。新たな労働力は、組織を不可欠なものとし、多様な期待やニーズを抱き、経済や社会の動向に多様な影響を受ける主体となってきている。

かくして、彼ら新たな労働力の各種組織における多様性、あるいは労働力そのものの質的な多様性は、各種組織にとって、必要な労働力を確保する上での不確実性をますます増大させているのである。しかも、これら労働力構成の変化は、新たな事業機会や市場、グローバルな市場を創り出すとともに、彼らの多様性を受容できうる新たな社会政策を必要とするようになっている。したがって、各種組織は、これら多様性豊かな労働力の出現によって大きく変化する事業環境、あるいは組織の構成そのものの変質に応じて、事業対象とすべき市場、提供すべき製品やサービス、最高の業績を生み出すための組織原理、製品やサービスの流通方法について、大幅な改革を余儀なくされ、乱気流時代に対応した経営思考の革新が迫られるようになっていったのである。

（二）　起業家精神と起業家経済

第二の断絶たる現象は、各種組織の生成・発展する中から起業家精神が社会全体に浸透・昂揚し、さらなる各種組織の生成・発展を促進する起業家社会および起業家経済が形成されたことである。

一九七〇年代以降、アメリカの国内産業については、石油ショックにはじまるエネルギー危機や重工業の崩壊、さらには前述したような経済が乱気流時代へ突入したことなどによって、国内産業を牽引してきたかつての主要産業は、大幅に後退せざるを得なくなった。実際、当時の日米の経済情勢に鑑みても、アメリカにおいては「双子の赤字」（巨額の貿易赤字と財政赤字）が経済を停滞させていた。かつての自動車・鉄鋼産業など、それまでアメリカ経済をけん引してきた主要産業が斜陽化しつつあり、多くの雇用が急速に失われていった。

また、政府についても、福祉国家の破綻と急速な少子高齢化が、その拡大志向に疑問を呈しはじめ、ついには巨大な政府機構は事実上の破綻となった。かくして、大企業を原動力とする産業構造と巨大な政府機構の崩壊によって、その当時のアメリカにおいては、大規模組織が支えてきたおよそ数百万人もの雇用が喪失された。しかしながら、そのような衰退しつつあった雇用情勢にもかかわらず、一九七〇年代以降のアメリカでは、数百万人にもおよぶ純然たる雇用増大を実現させ、伝統的な経済理論であるコンドラチェフの景気周期説を退けてきた。かつては、存在しなかったような新たな事業を展開する中小企業群の勃興によって、そのような膨大な雇用が創出された、とドラッカーは当時のアメリカ経済の情勢を分析していた。

例えば、医療機関や教育機関などの公共組織や、民営化されるようになった社会サービスを、固有の事業目的として展開する組織が成長し、それら各種組織が経済を多元的に構成する支柱となってきた、言わば組織社会の構造的進化が図られたのである。種々雑多な組織が活発に生成・発展しうる起業家経済へと転換するようになったのである。そして、ドラッカーは、このような起業家経済の到来の原因として、以下に示す四つの要因を分析し、それらの要因によって起業家社会が形成されてきたことを指摘している。

一つ目は、断絶の時代における第三の現象として指摘されたように、過去年にわたって蓄積されてきたマネジメントの知識が、多くの組織に適用されるようになったことである。そして、そのようなマネジメントの適用過程において、体系的にマネジメントされた起業家精神が創造されてきたことである。

二つ目は、このような体系的な起業家精神が、具体的にコンピューターや通信事業、生物工学などのハイテクの新興産業によって実践され、それらの成功が象徴として、社会全体に対して、革新と起業家精神に関わるビジョンを与え、それらの精神を受け入れやすくしてきたことである。そして、それらの起業家精神の社会的な受容性が、ベンチャー・ビジネスに資金を供給するメカニズムを具現化し、中小企業群が勃興しうる素地を築いたことである。

三つ目は、大企業における昇進経路が閉塞的になってきたことによって、新たな社会的成功の方向性として、起業が注目されるようになったことである。一九九〇年代以降、大企業がゼロ成長の時代に突入したことに相まって、団塊の世代が昇進へのパイプを詰まらせるようになり、当時、就労しはじめる年代の若者は、大企業に対する期待を希薄化させ、大企業への失望を高めていた。そして、今日の多くの起業成功者に見るように、多くの若者が、自ら積極的に起業することを志向してきたのである。

最後の四つ目は、断絶の時代における一つの現象として指摘したように、福祉国家政策が事実上、破綻した政府が、再建のために、それまで抱え込んできた社会サービス事業の多くを、民営化せざるを得なくなり、結果として、非政府の各種組織に対して多くの事業機会を解放するようになったことである。

これらの四つの要因によって、社会はマネジメントの原理と方法を適用し、行動によって新しい価値、特に経済的価値を創造しようとする意欲に満ちた社会となっていった。起業家精神を実践し、新しいものへ挑戦しようとする起業家を積極的に許容する社会、即ち起業家経済を文化的に支えうる起業家社会が形成されていったのである。

そして、ドラッカーは、このような起業家社会が形成されてきている当時の状況を踏まえて、人間と組織、そして社会について、それぞれが変革すべき必要性を提唱している。個人は、新しいものを目指して組織を創造し方向づける能力が求められており、これまで培われてきたマネジメントの能力に基づいて、起業家精神の新たな構造を構築しなければならない。また、起業家社会がさらに発展するためには、起業家を育成し、新規事業を支援する社会革新と国家政策が必要である。

例えば、多元主義社会の第一の特質として提示した産業構造の変化にともなう労働力受給ギャップについて、中長期的な対策が講じられなければならない。また、乱気流時代に対応した事業基盤を築くために、各種組織がそれに必要な資本を形成し、促進しうる税制度を確立しなければならない。さらには、社会全体の高コスト体質を回避し、新たなベンチャー・ビジネスの勃興を促進するために、時代遅れとなった社会政策や陳腐化した政府機関を廃棄しなければならないし、増大する政府規制からベンチャー・ビジネスを守る制度を導入しなければならない。これらは、ドラッカーの提唱した公的サービスの民営化、統治機関としての政府機関の革新に関する議論にも通ずるものであり、民営化に伴う起業家社会への事業機会の創出とも理解することができる。

かくして、ドラッカーは、起業家精神が発揮され、経済や社会の発展として結実されていくためには、各種組織のみならず、それらを取り巻く環境である個人や社会、国家といったあらゆる主体が、積極的かつ恒常的に革新を志向しなければならないと強調している。

（三）　組織社会と被用者社会

第三の断絶たる現象は、あらゆる社会的課題が各種組織によって遂行される「組織社会」が形成されていったことである。また、それ故に社会を構成する諸組織間の関係、および個人と組織との関係が、かつてないほどに密接かつ相互依存の関係へと発展してきたことである。

もはや、特定の大企業と巨大な政府は、社会を構成し、支配する存在ではなくなった。あらゆる規模、あらゆる構造や形態、あらゆる性質の組織が、それぞれ重要な社会の支柱となった。それら各種組織は、特定の社会的課題を遂行するために組織化され、その課題を固有の事業活動として展開することによって、社会に対して直接・間接に何らかの貢献を果たす。企業は、利潤追求の事業活動を通じて、多くの人々を雇用し、経済的業績を上げ、社会に対して経済的貢献を果たす。大学、病院、軍隊、研究所さらには政府機関といったサービス組織も、同様に、その本来の目的を遂行し、社会に対して固有の課題に応じた貢献をそれぞれ果たす。即ち、今日の社会は、社会構造上、各種組織によって、多元的に構成され、それらが統一的全体性として具現化されたものとなっており、組織の業績に依存しつつある。

このような組織社会が形成されてきたことに伴って、個人は社会生活を営む上で、これら各種組織から切り離されることはできなくなった。あらゆる個人が被用者として、組織で働き、生計の資を組織に求め、社会的欲求充足や自己実現の機会を組織に求めなければならない。個人は、なんらかの組織への参加と貢献を通じて、はじめて社会における一存在たることができる被用者にならざるを得ない「被用者社会」となったのである。

ドラッカーの主張によれば、このような組織社会と被用者社会という二つの側面は、表裏一体の特質である。組織社会は、維持・発展するために、各種組織が業績をあげることを必要とする。そして、各種組織が、業績をあげるためには、積極的に貢献を果たし自ら責任を負担しようとする被用者を必要とする。他方、被用者社会は、被用者が社会に統合されうる機会を某《なにがし》かの組織に求めさせる。かくして、社会全体の観点からすれば、個人と組織とは密接な相互依存の関係にあるが故に、組織社会と被用者社会とは、同一の社会的現象を異なった側面から表現したものに他ならないと理解できる。

以上のことから、各種組織は、社会の機関として、その固有な目的について業績をあげることをますます重視され、常に業績向上に挑戦していかなければならなくなった。また、経営者は、そのような社会の重要な責務を背負った各種組織をして、社会全体の維持・存続・発展に間接的に寄与すべく、その地位に応じた社会的責任を知覚しなければならなくなった。それと同時に、経営者は、今日が被用者社会であることを認識し、労働者の多様なニーズに最大限に応えるとともに、雇用を個人にとって基本的な権利として取り扱わなければならなくなったのである。さらには、社会全体で取り組むべき社会的課題や社会的ニーズを、自身に固有な目的として積極的に組み込んでいかなければならなくなった。つまり、組織社会と被用者社会という表裏一体の社会的特質によって、マネジメントには、産業社会時代とは異なった組織についての新たな理論が要求されるようになってきたのである。

さて、マネジメント・パフォーマンスが要求されるにいたった時代変化と要求されるパフォーマンスの内容を理解すべく、ドラッカーが分析した断絶たる三つの現象を個々に解釈してきた。しかし、これらの諸現象は個別的な事象ではない。経済と社会が乱気流時代にあることは、多くの人々に起業家精神を発揮できる変化を生み出し、実際にその変化の中に、各種組織が多くの事業機会を見出す起業家経済を形成し、各種組織をして社会的課題を遂行させる組織社会を発現させてきた。また、起業家社会と起業家経済は、各種組織の生成・発展を促進する一方で、多くの事業や産業を陳腐化させ、多くの組織およびそれに雇用される被用者をますます不安定な状況に陥れ、経済と社会の乱気流をますます促進させている。さらに、組織社会の局面は、政府事業の民営化を伴うことによって、多くの事業機会が民間組織に解放され、起業家経済のさらなる発展を支えた。他方では、採算性が追求され、場合によっては、それら社会サービス事業の撤退をも許容されるようになったことによって、公益の不安定性に拍車をかけている。

つまり、これら三つの断絶たる現象は、当時の社会システムの特質を異なった視点から考察したものではあるが、それらは個々に分離して発現してきたものではない。ドラッカーが社会動態分析によって導き出した当時の多元主義社会は、これらの諸現象が相互に作用しあうことによってはじめて形成される相互作用的全体である。それ故、彼が指摘するマネジメント・パフォーマンスの時代に固有な、社会や経済、あるいは政治についての諸問題、そしてマネジメントが取り組むべき諸課題については、これら三つの諸現象を相互に考察することによって理解しなければならない。それら考察によってはじめて、マネジメントがブームから脱却し、マネジメントによって追求すべきパフォーマンスの真意が理解できる。以下、各節においてマネジメントが追求すべきパフォーマンス、パフォーマンスを追求するために実践されるべきマネジメント、パフォーマンスを追求できる体制としてのマネジメントについて、それぞれ詳説していく。

第二節　労働者と仕事の質的変貌

ドラッカーは、一九八九年の著 *New Realities*（『新しい現実』）において、一九九〇年代以降の先進諸国について、情報技術の劇的な発展と普及によって、急速に拡大する世界的市場や多様化する顧客ニーズや変質する市場・流通構造など、当時の先進経済が新たな段階へと変貌を遂げつつある状況を分析した。

この新しい時代への転換を示す中心的な特徴は、脱工業化による高度な知識経済が形成されていることである。それまで経済活動における主たる生産要素は、土地・資本・労働の三要素であった。しかし、それらの伝統的な生産要素を凌駕して、知識が決定的な生産要素として、企業の行動を規定するようになってきた。事実、一九九〇年代以降、ソフトウェア産業、情報サービス、コンサルティング業、マスメディア産業、製薬産業など、情報や知識が製品に組み込まれる産業が、先進国経済を支える重心的な産業として隆盛してきている。また、伝統的な産業、特に製造業においても、単なるモノづくりという製造・生産活動を超えた知識産業化が進んでいる。顧客との関係で経験的に蓄積された知識、あるいは膨大な研究開発投資によって生み出した独自技術やブランド・特許などからなる知識を、製品やサービスの付加価値としていかに具現化するかが重要な課題となっている。いまや製造業は、知識産業化に伴って、「知識製造業」へ進化しているのである。先進国経済においては、あらゆる産業が知識産業化しており、経済全体の動向が新たな生産要素である知識に大きく左右されるという知識経済が形成されている。

こうした経済環境において、企業の価値は、有形資産よりもむしろ、次のような無形資産が重要な指標によって評価されるようになっている。企業活動では、知的財産やノウハウ、商品ブランドや企業ブランド、独自の技術水準や研究開発能力、ビジネス・モデル、さらには人的資本といった無形資産が、工場施設や生産設備などの有形資産よりも、ヨリ大きな価値を生み出す要素として機能しているからである。それ故、あらゆる産業、あらゆる企業においては、知識資産の形成が中心的な関心事となっており、それに必要な人材の誘引・獲得・開発・引き留めが、市場競争よりも大きな課題となっているのである。

一　変貌する組織における知識労働者

一人の独立した存在として見る場合、知識労働者は、組織に参画するに際して、それぞれに固有な目的や意図をもっているが故に、新種の労働者として、新たな人的資源管理上の問題を生じさせている。今日の組織は、企業の知識戦略に基づいて、組織的な知識創造能力の形成に向けて、その構造を急速に変貌させつつある。多くの企業では、従来のように、あらゆる資源や事業遂行能力を、組織に取り込もうとする拡大志向から脱却しており、中核となる組織能力に必要な最低限の資源の獲得・活用に集中する志向へと変化しつつある。

例えば、知識産業化が進んでいる組織の多くは、事業展開において派生的な仕事、特にサービス業務を、それらを事業目的とする外部組織へ積極的に委託し、自らの組織能力を知識労働に集約するようにしてきている。また、企業の知識戦略の次第では、組織の経営資源として部分的に構成しながらも、組織の戦略的意図に合致しない、あるいは放置される知識資産を、逆にそれに価値を見いだす他の企業に譲渡ないし貸与し、本質的な事業展開とは異なった形で企業価値の創造にむすびつけている場合がある。さらに、組織の中には、知識資産を一層絞り込み、特定の知識に標的を合わせた組織能力に特化して経営している場合さえある。企業のみならず、公共機関においても、非中核的な業務が外部委託され、あるいはサービス労働の職務内容として再整理され、一方で中核的な労働者が知識労働者として、公共事業における重要な意思決定を図り、また重要な責任と役割を担い、組織の効率性追求に知識創造と活用に集中している。

これらの動向に鑑みれば、組織は、必要な経営資源を、組織的な開発や育成などの方法によって独自に調達すると同時に、臨機応変に外部から獲得するようになっている。特に、貴重な知識資産について言えば、さらに外部獲得の傾向が顕著となっている。そして、このように組織間で移転される知識資産の中心は、特許やライセンス契約など形式化され市場取引される知識資本よりも、むしろ知識とその創造・活用能力を持った人的資本たる知識労働者に移ってきている。ドラッカーが指摘するように、労働者はかつて生産手段そのものであったのだが、知識労働者にいたっては個々人がそれぞれに所有し、創造・活用する知識こそが決定的な生産手段として、個々人に、さらには個々人が統合された組織に新種の資本としての意義を持たせている。

知識労働者自身も、組織に対しては従来の労働者とは異なった意識を持っている。知識労働者は、組織においても自律性を発揮し、独立した個としての存在を確立し、またその特性ゆえに、一人の専門家として最適の活動領域を求めている。しかも、知識労働者のみならずあらゆる労働者を含めて、今日の個人は、それぞれのライフ・スタイルや価値観を重視する傾向にあり、特定の組織への所属に固執しなくなっている。多くの個人が、組織に対して、自分たちの目的や利益に適うと思われる組織に参画を求めるようになっている。ドラッカーは、これら組織に対する知識労働者の意識は、かつての肉体労働者の組織に対する〝従属〟意識から、組織を〝パートナー〟とするものへと変化したことを指摘した。つまり、知識労働者は、それぞれが有する生産手段としての知識の価値によって、組織との関係を捉えているのである。

しかしながら、知識労働者といえども、依然として組織を絶対的に必要とする。知識労働者としての能力やスキルを発揮し、それぞれの目的や欲求を実現していくためには、特定の組織能力に統合されなければならないからである。それ故、知識労働者は、組織への参画に際して、マネジメントに対して、その権威を認め、ある程度自らの存在を適応させていかなければならない。この点を認識しつつも、知識労働者の多くは、個人―組織関係における主体としての意識をもち、雇用契約について、貴重な人材の確保や維持に努力している企業に対して、適切な人的資源管理が実践されることを求めるようになっていると理解できる。

以上のような知識労働者と組織との関係性におけるマネジメントとしては、知識労働者をマーケティングする他ない。まず、企業は、顧客に対するのと同様に、知識労働者個々人にとっての価値は何か、目的は何か、成果は何かを問わなければならない。そして、知識労働者の主体性や自律性を阻害することなく、自ら積極的に貢献し、知識創造主体としての能力を開発・強化していくための環境を、いかに整備していくべきかを検討しなければならないのである。

二　知識労働者とその仕事

知識労働者は、組織や職務に対するコミットメントや職場における相互信頼といった心理的要素だけでなく、自身の専門的能力やスキルを十分に発揮できる職務において、最大の貢献を果たすことができる。他方、組織、特に企業は、組織的な知識創造活動の水準を維持・向上していくためには、その基盤である知識労働者個々人の知識創造能力を統合しうる組織活動を構築していかなければならない。つまり、知識労働者の個人的な観点と組織全体の観点から、職務が規定されることによって、知識労働者とその仕事との統合化が図られなければならないのである。

さらに、知識労働者の職務は、画一的で普遍化されたものであってはならず、個々に特有なものにならざるを得ない。個人の専門的能力やスキルだけでなく、個人—組織の相互関係の状況に応じて絶えず変革されていかなければならない。組織全体の目標の変化、集団における個人間の相互関係の変化、組織における個人の心理的変化にも対応して、職務も継続的に修正されなければならないのである。それ故、知識労働者の職務は、管理者やリーダーによって支配的・負荷的に規定されるのではなく、労働特性をも考慮して、知識労働者に委譲される職務上の裁量権に基づいて、自身で主体的・自律的に職務を設計できるようにしなければならない。

ただし、組織全体と調和した最適な職務は、知識労働者個々人の主観的な判断や意思決定などによっては、設計されえない。個々の専門性や価値観、キャリア形成の可能性はもちろんのこと、組織的な成果との関連性、継続的な知識創造活動を意識した他者や他職務との相互関係、さらには将来的に担うであろう組織における機能をも配慮されなければならない。その為、客観的にも分析され、十分な検討がなされなければならない。これらの職務設計上の問題や課題に関して、実践的な管理方策として、管理者やリーダーと知識労働者とがパートナーシップを構築することによって、共同して個々の職務を再設計していくことが求められる。

労働特性に鑑みれば、知識労働者は、自分の職務に関して、自らの貢献可能性に基づいて、何らかの課題を見出せる場合は、そこにコミットメントできる。そのためには、管理者やリーダーによる助言や議論が不可欠である。なぜならば、知識労働者は、管理者やリーダーの協力を得てはじめて、個人の専門的能力やスキルを主観的のみならず客観的にも分析でき、組織において最適な職務内容を設計できるようになるからである。

他方、管理者やリーダーは、知識労働者が知識創造活動に集中できるように、必要な知識の焦点をはっきり絞り、仕事の種類や範囲・程度を明確化しておく必要がある。なぜならば、知識労働は、個人の専門的能力やスキルを基礎とし、特定の知識創造活動において、個人が果たす貢献や達成する成果によって、はじめて明確に認識されうる程、個々に特有なものだからである。それ故、管理者やリーダーは、知識労働者に不適合な仕事や不必要な仕事を排除し、集中すべき課題や達成すべき目標、あるいは求められている成果や責任を明示し、個人の組織への貢献意欲が徒労に終わらないように十分方向づけしておく必要がある。

具体的には、管理者やリーダーは、組織全体の目標に対応させて、特定のチームや集団の目的や成果を規定し、さらに知識労働者個人に期待されている貢献責任を、職務内容として詳細化していかなければならない。さらに、個人の組織志向を促進する共有可能なビジョンを創造していくことも肝要である。ビジョンとは、組織や職務個々の目標だけではなく、組織の将来性に鑑みて予測される組織能力をも含んでいる。知識労働者は、管理者やリーダーを通じて、組織の将来性について理解を共有できれば、自らの将来を形成していくための指針を得ることができるのである。

かくして、管理者やリーダーと知識労働者と共同して職務設計を行うことによって、職務へのコミットメントが高められるばかりか、両者の持続的なパートナーシップが維持されることによって、両者の間には相互信頼をも醸成され強固にされうる。そして、職務設計が動態的に再定義されていくことによって、職務における知識労働者の専門性や価値観の齟齬は最小化され、また適材適所の人材配置が実現されるようになるのである。

一方で、知識労働者も、職務に関して、管理者やリーダーとのパートナーシップに基づいて、自らに厳格な自己規律を課し、積極的に責任を果たしていかなければならない。自身にとっての仕事が何であり、何でなければならないかを絶えず熟考していなければならない。また、組織において、いかなる貢献および成果を期待されているか、またその期待に応えるためにどのような方法で貢献を果たすべきか、自ら積極的に検討しなければならない。さらには、知識労働者は、主観的な価値（個人的な価値）とともに客観的な価値（組織や集団との価値）を追求し、コミットメントと相互信頼によって醸成された組織への忠誠心に基づいて、帰属意識を高め定着化しようともしなければならない。

そのためには、知識労働者は、組織の現在・将来に適った貢献可能性を考慮して、自己の専門的能力やスキルを開発・強化していくことを志向しなければならない。と同時に、組織において期待される機能や成果に対して、自己の限界を見極め、パートナーである管理者やリーダーに対して、自身の専門的能力やスキルの特性を申告し、組織能力が適切に形成される管理過程にも寄与することが望ましい。

三　知識労働者の管理

以上のように労働特性に焦点を合わせた知識労働者とその仕事との統合を提唱したが、これに関連して付言すれば、ドラッカーは、「仕事の設計管理」と、「目標と自己管理」の二つの管理方策を、かつて肉体労働者とその仕事との統合に関して提唱していた。そこで、両者の論理と内容を以下に比較し、整理する。

管理者が肉体労働者と相談した上で規定した職務内容において、肉体労働者は、監督者やＩＥマンなどの技術職・専門職の助言を得て、チームや集団の仕事の流れにおいて、職務遂行の方法や順序などの工程設計の責任が与えられ、また管理者に自分の経験や知識を提供することによって、最適な職務設計に参加することができた。労働者の職務内容は、自働化・機械化された工程における人間疎外という副作用を抑制すべく、単調にならないように複数の種類の作業が含められた。また、肉体労働者が達成感や充実感を得られるべく、何らかの熟練技能とか判断力を活かせるように設計された。さらには、肉体労働者が自らの能力に合わせて、それぞれの職務における工程の制御ができるように設計された。そこでは、テイラー以来の科学的管理の適用によって被管理者あるいは労働力・コストとして扱われてきた肉体労働者は、組織に重要な資源として、また人格を持った資源として取り扱われるようになったのである。このように、肉体労働者の職務設計への参加は、組織の成果を第一義にして、生産工程のフローや管理者の監督・命令・指示による抑圧から、労働者を解放することを主たる目的としていたのである。

これに対して、知識労働者の場合には、そもそも個人の専門的能力やスキルがそれぞれに固有である為、知識労働者が職務内容を自ら設計できなければ、いかなる成果も達成されえない。他方で、管理者やリーダーが知識労働者の専門的能力やスキルを一様に統制することは困難であり、職務内容を規定する上では大きな限界がある。また、知識創造主体としての知識労働者の創造性への意欲を喚起するためにも、個々の職務設計への管理者やリーダーの介入は最低限に抑制されなければならない。したがって、知識労働者は、組織において期待される成果をめざすように、職務内容を規定する大幅な権限が与えられ、自由に自ら職務設計できる。管理者やリーダーは、組織において知識労働者が最大限の貢献を果たせるように、個々人の専門性や価値観と組織全体の目標や成果を勘案して、知識労働者が職務設計において的確な判断ができるための情報提供や助言し、個人が期待されている成果を明確に理解できることを促進する。そして、管理者やリーダーは、個人の専門的能力やスキルをネットワーク化して組織能力として統合すべく、個々の職務を総合化し、最適なチームや集団を組織化するのである。このように、知識労働者の職務設計は、労働者が人間として自由に意思決定できる機会を提供するだけでなく、独立した専門家としてその専門的能力やスキルを十分に発揮できること、ひいては組織的な知識創造活動における知識創造主体としての機能を強化することを目的としている。

また、肉体労働者の「目標と自己管理」は、上司―部下の階層間の関係（主として経営管理階層）

において実践されていた。上司は、部下の能力を査定し、それを活用した組織全体の成果達成をめざして、組織全体の目標に基づいて、個人が目標を自己設定できる基準や自己評価できる測定尺度を用意し提供した。管理者は、これらの基準や尺度を活用して、労働者と協議しながら挑戦的な目標を設定し、労働者が目標について責任を持てるようにした。他方で、労働者は、その責任として、与えられた合理的な測定尺度や評価基準に基づいて、自らの成果を相対的に自己評価し、自らの行動を修正していかなければならなかった。このように、「目標と自己管理」は、肉体労働者の自律的行動の促進と自由の享受を目的としていたのである。

これに対して、知識労働者は、組織―個人の関係において、企業が知識労働者の合意を得て設定したチームや集団の目標を理解し考慮し、自身の能力やスキルに基づく貢献可能性に鑑みて自らの目標を設定していく。そこでは、管理者やリーダーは、個人が組織において的確な貢献ができるために必要な情報を提供する。例えば、個人のニーズ（労働特性に考察した要求）と企業のニーズ（組織的成果への貢献と組織能力の強化）とに適った個人的目標を設定できるための基準、また組織への貢献として個人的成果を自ら評価測定できるための基準を、知識労働者個々の特性に鑑みて相互に相談しながら規定し、知識労働者個々に期待される貢献や成果を明確に理解させる。知識労働者は、このような管理者やリーダーとのパートナーシップに基づいて設定した目標に関して、自らの成果を評価し、一人の専門家として自らの貢献活動を修正・発展させていかなければならない。したがって、知識労働者とその仕事との統合の目的は、目標と自己管理に関して、個人の自律的行動と自由の享受の他、さらに専門的能力やスキルの自己開発・強化や専門家としての価値観の実現など個人主義を強調したものも大きく含まれることとなる。

以上のように、ドラッカーは労働者の質的な変化を指摘するだけでなく、それによっていかなるマネジメントが実践されるべきか、またマネジメントが追求すべき成果とは何かを検討し、多元主義社会に特有な社会構造的な変化に対処したマネジメント概念へと発展を図っていったと評価することができる。肉体労働者から知識労働者だけでなく、肉体労働者と知識労働者、そしてサービス労働者という、労働の質や組織参加の目的や組織との関係を異にする労働者が複合的に存在する複雑化する組織を描出し、それに対応したマネジメントの高度化を訴求したと理解できる。

第三節　知識経済における生産性

ドラッカーは、一九九三年の著作 *Post-Capitalist Society*（『ポスト資本主義社会』）において、一九九〇年前後を境として、先進国の経済・社会・政治が大転換の時期を迎えていることを指摘した。彼は、経済構造や経済活動の質的変貌として、先進国経済が知識経済へと突入していることを分析したのである。特に、わが国では、二〇世紀末のバブル経済崩壊後の長引く経済停滞時期、産業の大幅な没落を経験する時期と重なり、彼が分析する知識経済化は、さまざまな現象を伴って発現してきたと捉えられる。例えば、労働市場、市場競争、資金調達や投資リスクなど、経営環境が大きく変貌し、企業経営に多くの新たな問題をもたらしてきた。そのため、今日の企業は、知識経済に対応したマネジメントが実践されるべきことが要求されている。

そこで、本節では知識経済化が経営環境に対して、いかなる変化と影響をもたらしたかを明確にし、今日の知識経済において、企業がいかなる経営上の問題に直面しているか、それに対していかなるマネジメントが実践されるべきか、ドラッカーの知識経済論を考察する。

一　知識労働者と知識経済

ドラッカーは、知識経済化の契機が、前節にて詳述した通り、一九六〇年代以降の知識労働者の出現と急速な増加にあると度々指摘してきた。かつて、産業革命以来の先進国における大半の労働者は、生産活動の機会を大規模生産システムに求めざるを得なくなった為、企業や資本家に従属しなければならなくなった。しかしながら、第二次世界大戦をはさんでのアメリカにおけるマネジメントの幅広い普及と成功が、多くの肉体労働者をプロレタリアートとしての境遇を解消した。マネジメントの成功が、企業の繁栄をもたらし、労働者の所得水準を引き上げるとともに、労働者の社会的地位をも大幅に改善した。その際、労働者は、社会的地位を上昇させる近道として（特に管理階層への昇進）高等教育が不可欠であることを認識し、その子弟に十分な高等教育投資を行ってきた。これらの歴史的過程により、一九七〇年前後までに先進諸国においては、高等教育が爆発的に普及し、膨大な知識労働者を生み出すようになってきたのである。そして、今日までに高等教育から高度専門教育へと、ヨリ高水準の教育を受けたヨリ高度な知識労働者が、ますます多く労働市場に供給されるようになってきている。

その一方で、先進国では製造業を中心に採算可能な水準で多くの肉体労働者を確保するのが極めて困難となるばかりか、グローバル競争の激化に伴い労働集約型の伝統的な製造産業が比較劣位に陥り急速に斜陽化していった。その結果、先進国経済においては、低価格・少品種大量生産から高品質・多品種少量生産へと、またモノの生産からサービスの生産へと、付加価値の高い高度な知識や技能を必要とする産業へと質的転換が図られてきた。サービス経済化に象徴されるように、労働集約型から知識集約型の産業構造へと移行させ、肉体労働者をあまり必要としない知識労働を基礎とする職場が創出されてきたのである。もちろん、一九九〇年以降、先進諸国の一員として、わが国も例に漏れず、多くの産業において急速に知識産業化が進展し、知識集約型産業へと産業構造の重心が移行してきている傾向が広く認められていると言えよう。

また、これらの知識産業化の傾向は、労働者と組織との関係をも根本的に変貌させてしまっている。知識集約型の企業においては、知識が伝統的な資本の機能を超越した決定的な生産手段となったことによって、知識労働者の組織における地位を大幅に向上させ、組織との相互関係を変貌させてきている。企業が展開する事業活動において、極めて重要で価値ある諸知識は、貴重な知識労働者個人が修得する高度な専門知識や技能を介し、また統合されることによってはじめて創造されうる。しかし、知識労働者は、知識という生産手段を手にした独立した専門家である為、職場間を自由に移動することができる。即ち、知識労働者は、もはや特定の組織に依存せざるを得ないという境遇から脱している。ただし、知識労働者の有する個別領域の高度な専門知識や技能は、それだけでは経済的成果を生み出すものではない。知識が経済的価値を創造するまでには、組織において展開されるさまざまな組織的活動と成果と結合されなければならない。また、知識労働者としての人材価値を高めキャリア・アップを図っていくためには、組織への参加が必要である。さらには、知識労働者が個人として、社会との絆を実現していくためにも、組織というコミュニティが必要不可欠であることに何ら変わりない。したがって、これら知識労働者を取り巻く諸事情を勘案するならば、今日、知識労働者は、組織を自己の利益や目的を達成するための道具とみなすようになってきたと言える。

一方の企業も、前節にて詳述してきたが、価値ある知識を創造するためには、知識労働者個々人が有する個別領域において高度に専門化した諸知識を結集し、一つの生産的な体系的知識へと統合しなければならない。それ故、組織は、知識労働者を中核的な経営資源と位置づけるとともに、組織の中長期的な維持・存続・発展に必要不可欠な育むべき資産として取り扱わなければならなくなった。ドラッカーは、これら知識労働者の諸事情と知識産業化を背景とした企業経営の現状を踏まえて、知識労働者と組織および経営者層との間は、各々の機能の特性を踏まえた密接で同格な相互依存関係（パートナーシップ）が形成されるようになってきた、と分析している。

以上のように、ドラッカーの知識経済論においては、知識労働者の出現と増加そして高度化によって、今日の知識経済がもたらされたという因果関係が指摘された。それら知識経済の特徴として、今後の経済・社会に現れるさまざまな変化を、次の時代へと転換期にあるが故の不可避の衝撃として捉えられている。以下、この知識経済が企業の経営環境にすでに与えている幾つかの衝撃、あるいは今後、企業経営に問題を招来しかねない現象について、企業経営上の課題を含めて検討する。

二　知識経済における経営課題

知識経済の到来によって、企業の経営環境に大きな影響をもたらしてきた要因は、上述した知識労働者を中心とする問題だけではない。ドラッカーは、知識経済の到来が、先進諸国の経済や産業に変化をもたらしただけでなく、さまざまな社会問題、グローバルな経済問題をも引き起こしていることを指摘している。そして、そのような彼の知識経済論を踏まえるならば、人事戦略をも含めた経営戦略全般にわたって重大かつ喫緊の新たな課題が提起されている。即ち、「①追求すべき機会、負うべきリスク、負うことができるリスク、②事業の範囲と構造、特に専門化、多角化、統合化の均衡、③目標を達成するための時間と資金、新事業の設立と買収、合併との均衡、④経済情勢、事業機会、成果達成のための計画に適合した組織構造[2]」これらの提起された経営戦略上の課題から、以下に示す三つの諸問題ないし諸課題が提起され、また、それぞれに対応し且つ総合的に諸問題を解決しうるマネジメントの実践が求められることになる。

まず、第一の課題として、企業は、知的競争優位を追求すべく固有の知識を計画的に蓄積するための知識創造戦略、知識経済の特質である知識に関わるさまざまなリスクを克服できる未来志向の企業経営を実現することである。

知識労働者の確保と育成に関しては、特に計画的な行動計画が求められている。知識経済の市場競争においては、知的競争優位が必ずしも持続的なものではありえない。知識経済においては、技術やサービスあるいは経営にいたるさまざまな革新が極めて活発であり、顧客のニーズの多様化と選別の高度化に伴って、あらゆる産業で製品ライフサイクル、ヨリ変化の激しい産業においては、事業ライフサイクルまでもが急速に短命化している。例えば、今日の電機産業に見受けられるように、市場リーダーの鍵となる知識や技術が年毎に変貌するオセロゲームの状況においては、知的競争優位の如何によって、事業の趨勢が大きく変動しかねなくなっている。とは言え、知的競争優位の創出には、継続的で莫大な研究開発投資と長期的な知識と技術の蓄積、そして知識創造の成果を生み出し貢献する知識労働者が不可欠である。しかも、中長期的な計画に基づいて将来に生み出されるであろう知的競争優位が、将来その時代に求められ価値あるものとは限らないという不確実性がつきまとう。もちろん、長期的な人材開発プログラムを施したとしても期待される専門能力を備え組織に十分な貢献を果たす知識労働者に育ちうるかという人材開発の不確実性もある。即ち、これら知識経済における企業の知的競争優位の形成には、さまざまなリスクが発生し経営に対して多大なる負荷をかけうるのである。

したがって、企業は、短期的にはいかなる知識を活用しなければならないかを検討すると同時に、中長期的に事業の将来性と方向性を明確にした上で、いかなる分野で競争優位となりうる知識を創造していくべきか、またそのためにいかなる知識労働者を確保し、育成していかなければならないか、について綿密な計画を立て、定期的に評価・修正を反復していかなければならない。企業は、市場における知的競争優位とは何か、絶えず変貌する市場環境を分析し、ヨリ精確に予見しなければならない。そして、知的競争優位の観点から、組織能力の今日の強みと弱みを明確にするだけでなく、事業の将来性や中長期的な事業計画、あるいは企業目的や使命とそれに対応した企業ドメインを規定し、将来の強みとすべき組織能力についても明確なビジョンを経営者と知識労働者との間で共有しなければならない。重要なのは、「事業に合致する機会とリスクを選択することである。そして革新のための機会と事業の性格を変えるような将来的な機会との均衡を図ることである。」[3] 企業は、「選択と集中」の戦略志向に基づいた知的競争優位の形成を基軸にして、自ら事業の将来を開拓していかなければならない。知識経済における企業は、知識労働者とのパートナーシップに基づいて、市場・技術・知識の動向に関して高度な分析と予見し、そして企業経営の方向性への合意を踏まえて自らの未来を作っていく未来企業へと変貌することが求められているのである。

そして、第二の課題として、知的競争優位の創出にあたって適宜に最適な組織能力を形成する組織構造の柔軟性を確保する組織戦略とを統合することである。

企業は、知的競争優位の追求のために、高度に専門化した知識を有する知識労働者を確保・育成しなければならないが、知識経済化が進展するにつれてますます知識が重要化し知識そのものの価値が増大しつつある今日の状況において、独自にそれらの課題を達成することには相当な限界がある。知識経済において、企業は、知識を経済的成果へと結実するために、単に特定の個別領域に限定された知識だけでなく、複数の領域にまたがった知識を必要とし、それらの知識を融合させてこそ、価値を導き出すことができる。だが、前述したように単独の組織でそれら高度な専門知識を有した知識労働者、そして幅広い分野にまたがった知識労働者を確保し育成することには、いかに大企業であろうとも単独の企業としては困難であるばかりか、不採算である。

したがって、知識経済においては、企業は、自ら積極的に組織を外部に開放し、組織をある程度に柔軟に構築しなければならない。企業は、特定の分野において中核的競争能力（コア・コンピタンス）として堅持し増強していかなければならない組織能力に関して、独自に価値ある知識労働者を雇用し、十分に動機づけし、個々の能力を開発・統合し、価値ある知識を蓄積し、個々が組織の一員として貢献を果たせるよう合意を形成していかなければならない。そのためには、企業は、特定の分野・能力に関しては、ある程度に硬直的でなければならない。だが、知識経済におけるさまざまな経営上のリスクを抑制するためには、臨機応変に組織能力を構築し、知的競争優位を形成し、事業機会あるいは革新の機会に対して最大限に成果を達成できるようになることに集中しなければならない。「リスクを小さくすることではなく、機会を大きくすることに焦点を合わせる必要がある。[4]」例えば、短期的には独自に調達できない知識あるいは独自で手がけるには資金と時間の面で許容能力を超過したリスクを負わなければならないのであれば、他企業との提携の模索、あるいは外部委託の活用など、柔軟に必要な能力を外部から調達し自らの組織能力へ組み込むことによって、開かれている機会に焦点を合わせなければならない。また、中長期的には独自に用意しなければならない能力であるならば、中長期的な知識創造戦略の展望に立って、中途採用など外部から積極的に知識労働者を調達し、あるいは新規採用により知識労働者を受け入れ計画的に人材開発プログラムを施していくことによって、知識労働者としての高度化を図っていくなど、組織能力を築いていくことを志向しなければならない。

また、高効率的な知識集約型の企業、知識創造型企業を確立するためには、上述した労働特性の二極分化という変化の機会を積極的に活用できる組織革新も図る必要がある。代替可能な非中核的業務・不採算かつ非効率なサービス業務を、他の組織に外部委託し、そうした業務そのものを自らの組織から分離・外部化すること、もしくは組織内で最低限必要なサービス労働に要する労働力を、外部組織から必要なときに必要な量だけ調達することによって、非中核的業務全般の費用を徹底的に削減していく必要がある。サービス労働者の人件費を管理不能な固定費から管理可能な変動費へと可能な限り転換していくとともに、内部化せざるを得ないサービス労働については、徹底的に生産性を向上させることによって、組織全体の業務効率を改善していかなければならない。

ただし、これら労働特性の二極分化に対応した人的資源の形成によって、今日の組織は、かつてないほど、不安定な構成とならざるを得ない。知識創造型企業は、最も重要な人的資源としての知識労働者、フルタイム・正社員を前提とする従業員が中核的な人的資源として構成しながらも、その周りには非中核的な業務に従事する派遣社員・パート・アルバイト・契約社員、即ち多様な雇用・就労形態で組織にアクセスする非正社員といった流動的な人的資源を配置し、さらには組織から分離・外部化された業務を組織能力の全体として、総合化しなければならない。複雑な組織構成要素、労働特性の差異などを考慮したうえで、最大の成果を達成する組織能力の実現に向けて、組織全体の最適化を図る必要がある。つまり、知識創造型企業は、知的競争優位の形成に不可欠な知識労働者の人的資源については、人材開発投資を含めたさまざまな資産価値向上の組織作りを行う一方で、サービス労働者の人的資源については、柔軟に管理可能な資源として活用できる組織作りを行わなければならないという、極めて複雑な課題に対応しなければならないのである。したがって、継続的な組織革新を図っていく上では、知的競争優位の形成に焦点を合わせた知識創造戦略と労働特性を踏まえた人事戦略とを統合できるような、計画的で柔軟な組織戦略が知識経済におけるマネジメントの課題となる。

第三の課題は、財務統制上の課題として、知識経済の一側面である投機的経済・シンボル経済において、安定的な資本構造を構築することである。

年金基金経済については後節にて詳述するが、一九八五年以降のグローバルな規模で過剰な流動性を帯びた年金資産をはじめとした莫大な規模の余剰資金によって、先進諸国経済のみならず、世界経済は極めて不安的な状態へと変貌してきた。特に先進諸国経済においては、資本移動の決定的要因は、単なるモノづくりから付加価値の高いモノづくりへの高度化という既存産業の知識産業化の進捗度、そして個別企業については、いかに競争者に比べて知的優位を築いているかという知識創造型企業の程度、など知識経済の成果に対する期待となってきている。そのため、知識経済は、資本市場をも変化の激しい不安定な状況へと陥れた。

企業は、そのような資本市場の極度の不安定性に対応し、グローバルに事業を展開し、組織の競争優位や将来性を築いていくためには、多大なる投資リスクを覚悟の上で知識をはじめとするさまざまな生産要素に膨大な資金を投下しなければならなくなっている。また、グローバルな生産体制において、為替変動リスクにも対応しなければならない。そして、社会的には、今日の企業は、労働者が何らかの組織に雇用機会を求めざるを得ないという被用者社会、あらゆる社会的課題が何らかの企業の組織使命や目的として達成されることで社会全体の繁栄が支えられているという組織社会、という二つの社会構造に立脚している。さらに、年金基金が資本市場を席巻する今日の状況において、先進諸国経済の経済的発展は、企業の安定的な業績と成功にかかっている。したがって、企業は、淘汰されない限りその社会的責任として、事業活動を通じて社会に対して一定の貢献を果たし、また職場を最大限に維持し雇用機会を創出することによって、事業継続体としての存続・発展目標を第一義にしなければならない。その点で今日の企業は、知識経済において、事業基盤として計画的で経営の安定性に資する財務統制を図り、事業の将来を築いていくための投資資金の確保、流動的な資本市場の変化に耐えうる資本構造を実現していく必要がある。

三　知識経済における革新のマネジメント

知識経済時代における経営諸課題に関して、ドラッカーは、経営者自らが変革のリーダーとならざるを得ないこと、組織革新のマネジメントを実践すべきことを提案している。「今日のような大動乱の時代において、変化は常態である。苦渋と危険に満ち、それ以上に対応には大変な苦労を要する。しかしながら、組織が変化を先導するという課題を達成しなければ、企業、大学、病院などは生き残ることすらできない。」つまり、知識経済において組織が生き残っていくためには、継続的に組織革新を図っていかなければならないこと、またそのための仕組みを整備しなければならない、と言うのである。具体的には、以下の四つのマネジメントが実践されるべきと考えられる。

第一に、変化を機会に転化するために、組織に体系的な廃棄の仕組みをまず設けて、組織の新陳代謝を促進することである。体系的な廃棄は、定期的に二つの段階を経て行わなければならない。前段階は、あらゆる製品、サービス、プロセス、市場、流通チャネル、顧客、最終用途を、企業の将来を積極的に開拓していく上で、今日、廃棄すべきであるかを定期的に検証することである。即ち、製品、サービス、プロセス、市場のライフサイクルを予測し、寿命を前倒しして廃棄すること、埋没コストとなっている償却済み資産を廃棄すること、これから成功させるべき製品、サービス、プロセス、市場の障害となりうる遺物を徹底的に廃棄することである。後段階は、小規模なテストを行うことによって、事業活動の展開方法（特に流通チャネル）が現状と今後の将来にとって、有効であるかをも問い直すことである。いずれの段階も、人事政策を含めたあらゆる活動とともに定期的に検証するとともに、事業そのものの可否、事業の進め方についての意思決定をし、またそれらの意思決定にもたらされた結果を、企業全体に周知する必要がある。そして、これら事業革新を実現していくためには、現在の事業を継続していく上で最小限必要な予算と、小規模なテストや後述する成功を追求する一定水準に維持された未来のための予算とを、準備する必要がある。

第二に、改善の組織化を図ることである。「企業は、自らの製品、サービス、プロセス、マーケティング、アフターサービス、技術、教育訓練、情報システムの全てについて、体系的かつ継続的な改善活動を図っていかなければならない」そのためには、何を集中的に改善していくか、またどの程度に改善を達成するか、について対象と目標に関しての基本的な意思決定を行っておく必要がある。そして、継続的改善が組織の革新として、組織に根本的な変化をもたらすようにするためには、これら継続的な諸改善を蓄積していくことも不可欠である。

そして、第三に、成功の追求である。そのためには、組織に横たわる問題ではなく、機会に焦点をあわせる必要がある。マネジメントは、深刻な問題を分析するのと同様に、達成された優れた成果を評価し、新たな機会の分析に時間をかけるべきである。また、優秀な将来性ある人材に機会と責任を与える必要もある。端的な試みとしては、優秀な人材に挑戦的な職務を担当させ、必要な権限を与えることにより、人材が成長するための機会と成功の追求を両立することである。また、大きな試みとしては、優秀な人材に社内ベンチャーなど独立した機会と必要な資源を提供することによって、それら人材とベンチャーに自ら成功の追求を志向させることである。このようにして、成功の追求は、継続的改善と同様に、大小の試みが積み重ねられていくことによって、組織に抜本的革新と実際の成功をもたらしうる。

第四に、以上の三つの条件を整えるために、革新のための機会を体系的に精査していくことである。ドラッカーは、革新のための具体的な機会として、次の七つの源泉を指摘し、革新を図るために起業家精神の発揮を提唱している。即ち、「①自己と競争者の予期せぬ成功と失敗、②生産・流通におけるプロセス・ギャップ、価値観ギャップ、③顧客価値に転化するまでのプロセス・ニーズ、④産業構造と市場構造の変化、⑤人口構造の変化、⑥認識の変化、⑦新しい知識の獲得」である。彼は、これらの機会を成果に結び付けていくため、経営者自ら革新を強く志向した組織へと方向づけることを強調している。

その一つは、企業が社会において果たすべき使命を検討し、それぞれに特有な事業目的を模索することである。企業には、社会に存する一機関として、それぞれに社会的使命を規定し、特定の役割を担っていかなければならない。企業は、如何なる事業活動を通じて、その使命と役割を果たしていくべきか、そして事業活動の結果としていかなる成果を達成すべきか、という形で、企業の性質を自ら規定しなければならない。したがって、経営者は、企業の目的と使命、そして追求すべき成果、を企業の存在意義を十分に検討した上で、意思決定する責務がある。そして、経営者は、そのような意思決定を、経営理念やビジョンとして、組織内外の関係者とのコミュニケーションを通じて、共有する責務がある。

同時に、経営者は、組織の使命と卓越性を規定し、それらに対する人間の活力とビジョンを創造し、成果達成に向けた組織の精神を刺激し、組織の総合力を向上させていかなければならない。新たな機会を追求して組織能力が分散しないよう、経営者は、統合者として、特定の事業目的に集中する体制を確立しなければならない。そのためには、組織全体を総合的に把握できる職位にある者として、綿密な分析に基づいて、組織の卓越性を見出し、それらを伸張させて活用していかなければならない。したがって、経営者層は、事業における組織の卓越性を規定し、組織に参画する者に対して、それらの意義を説くことによって、組織を人間の活力とビジョンに満ちたものにしなければならないのである。

以上のように、ドラッカーは、知識経済に対応して、自ら変化を機会として積極的に自己変革するチェンジ・リーダーたることを標榜し、経営者の役割を規定しているのである。そして、彼は、これら知識経済における知識労働者と知的競争優位の重要性に鑑みて、マネジメント、チェンジ・リーダーとしての組織の究極的な目標として、「富の創出能力」を増強していくことを提唱している。次節にて詳述するが、富の創出能力とは、中長期の組織能力の形成を犠牲にして達成される短期的な成果を排し、自己変革機関としての組織特性の半面で、現在から将来にわたって持続的で安定的な成果を達成していく能力である。つまり、知識創造型企業は、知識経済において、かつてないほど多様で多大なリスクを負担せざるを得ない状況というなかで生き残っていくためには、短期的視点と中長期的視点との均衡が図られうる「富の創出能力」の増強を志向すべきである、とドラッカーは結論づけている。

第四節　年金基金社会主義

ドラッカーは、一九七三年の著 *Unseen Revolution*（『見えざる革命』）において、年金基金制度およびその資産規模によって、以降の経済・社会構造が重大な影響を受けざるを得ない可能性を示唆した。例えば、経済面について言えば、世界経済が実体経済を正確に反映しない象徴経済によって支配されるという、今日に続く〝投機マネーの暴走〟を当時すでに予期していた現象であった。また、社会面について言えば、年金制度を通じて、被用者一人ひとりが年金基金に資金を拠出していくことによって、被用者総体として、被用者でありながら、アメリカ経済を支配する一大資本家ないしアメリカ産業の所有者としての地位を付与するに至った。つまり、年金基金制度は、制度としての枠組みもさることながら、経済・社会の両面にわたって構造的な変革をもたらした。即ち、年金基金革命である。

一　年金基金経済と年金基金社会主義

年金制度は、第二次世界大戦後の間もない頃、ゼネラル・モーターズ社の会長であったウィルソンによって、従業員がアメリカ経済の所有となること、そして従業員が将来に対するリスクを低減できることを目指して、革新的な付加給付として生み出されたものである。ウィルソンからドラッカーは情報提供あるいは相談を受けていたのだが、ウィルソンは従業員が公債や自社株ではなく国内の成長企業に投資し、アメリカ経済そのものを成長させることこそが、従業員にとって将来のリスクを低減し資産価値を増大させうると考えた、と捉えられている。その意図も含めて、当初の年金基金制度は、労働者と企業との経済的利害を巡る対立の緩和を目的とし、賃金とは別に固定的ではなく容易に変動調節できる一種の付加給付として整備された。

これを引き継ぐ形で、その後、一九七四年のエリサ法(5)（Employees Retirement Income Security Act）や同年の内国歳入法(6)（Internal Revenue Code: I.R.C.）など、相次ぐ政府による年金制度にかかわる規制緩和あるいは修正によって、運営と拠出について制度運営の自由度が高められていった。また、当時から高齢者の増加が見込まれていたことや経済成長に伴う可処分所得の増大を背景として、年金基金は企業・労働者の双方の支持を受けて、急速にその資産規模ならびに加入者数を増大させていった。そして、このような歴史的過程を経て、今やアメリカのみならず年金制度を整備してきた主要先進国では、年金基金が発行済み株式および市場に流通しているあらゆる種類の債権の総額において、大きな所有割合を占めるまでの資産規模を形成するに至っていったのである。その結果、ドラッカーが指摘した一九七〇年代前後以降、年金基金はその巨額の資金を機関投資家による運用を通じて、拠出者である被用者を主要先進国の産業経済における最大の所有者であり債権者へと転化させてきたのである。

しかしながら、このようにして成長してきた年金基金は、あまりにもその資産規模を巨大化しすぎたために、機関投資家の運用行動如何によっては、特定の産業ないし企業に致命的な影響力を及ぼしうるようになってきた。近年においては、これら主要先進国の年金基金の資産は、アメリカ国内だけにとどまらず、世界経済に重大な影響を及ぼすまでになってきている。例えば、一九九七年にアメリカのヘッジファンドを主とした機関投資家の東南アジア各国の通貨取引によって惹き起こされた急激な通貨下落は、アジア各国の通貨暴落の引き金となり、タイ、インドネシア、韓国など成長著しい新興国経済に大打撃を与え、各国の産業に深刻な傷跡を残した。近年においては、主要先進国の多くが経済の成熟化に到達しており、先進国経済では十分な運用益を獲得できない巨額の資金が余剰資金となって世界経済に深刻な影響を及ぼすに至ったのである。

ドラッカーは、このような年金基金の資産が強大化する可能性を当時から指摘していたのだが、それ故に機関投資家の投機的行動が制限されるべきことを示唆していた。資産運用者である機関投資家が、受託資産を運用目的で保持する株式や債権を、自由かつ活発に市場において売買できなくなり、運用姿勢の大幅な変更を迫られるべきことである。機関投資家の資産運用の目的は、最大限の運用益を確保し、拠出者に対して配分することに変わりはない。機関投資家の資産運用のコンセプトと運用手法が、変更されるべきであると論じたのである。即ち、企業において適切なマネジメントが実践され、その具体的な成果について経営者層が積極的に責任を果たすよう、強く要求するようになっていったのである。したがって、年金基金は、機関投資家を通じて、個別企業およびそのマネジメントを決定づける最大かつ強力な利害関係者として、企業のマネジメントに多大なる影響を及ぼすようになってきたのである。

　また、組織社会を背景として、何らかの組織に雇用されなければならない被用者たる労働者は、そのような年金基金に拠出することによって、間接的にアメリカ産業経済の支配者となった。労働者は、常に生産機構に対して隷属的にならざるを得なかった労働者階級のみの地位から脱却することができたのである。それは即ち、労働者が支配者・被支配者であり、企業やその経営者層と労働者との利害が一致するようになったことをも意味する。換言するならば、資本主義イデオロギーが前提としてきたプロレタリアたる労働者と新たな支配者階級たる産業資本家との社会階級をめぐる闘争は、年金基金制度を通じて、ついに解消されることになったと理解せられる。

　したがって、年金基金制度は、資本主義の経済システムにおいて社会主義のイデオロギーを実現し、階級闘争を存在目的としてきた労働組合の勢力を大幅に後退させた。ドラッカーが示唆したように、当時の労働組合は、被用者たらざるを得ない労働者の支配者たる経営者階級に対する闘争を展開することを主たる目的としてきた。しかし、年金基金制度によって、労働組合は、当時では最大の目的である階級闘争を、今日では経済の成熟化に伴う賃金闘争の行き詰り、労働組合の存在意義を見失わせることとなってきた。かくして、旧来の資本主義の経済・社会が前提としてきたイデオロギーとは異なる〝年金基金社会主義〟を実現したのである。

　以上のように、年金基金制度とその資産規模の強大化は、経済・社会の両面にわたって革命的な変化をもたらし、年金基金経済、年金基金社会主義、年金基金従業員主義を実現した、企業に対して経営環境の多面的な変化をもたらしたのである。それ故、マネジメントは、企業の経済的成果の面だけでなく、社会的・統治的な側面に踏み込んで、組織における統治構造の抜本的な変革が余儀なくされるにいたったのである。

二　従業員資本主義と企業統治

年金基金革命によって、年金基金の資産を運用すべく企業に対して投資する機関投資家が、その企業における主要な所有者となり、産業主義時代と比して企業の所有構造を大幅に変質させてきた。機関投資家は、その受託した資産規模の巨大性ゆえに、容易に投資資金を撤退できず、マネジメントに介入し、組織をして経済的成果をあげさせるべく、所有者としての権限を積極的に行使するようになっている。また、業務提携の一環として、資本提携が活発になっており、密接な関係にある他組織も、代表的な所有者となってきている。さらには、所有者ではないが、多様な利害関係者として、労働組合や取引業者のみならず、地域社会や政府までもが、企業のマネジメントに影響を及ぼすようになってきている。

したがって、組織、特に企業は、多様な所有者のニーズを的確に把握するとともに、それら多様な所有者の正当性を確立すべく、彼らのニーズに合致したマネジメント、さらには、その他の各種利害関係者間に調和を図ることができるマネジメントを実践しなければならなくなっているのである。ドラッカーは、このような年金基金革命を教唆するにあたって、年金基金制度が経済的・社会的に発展してきた意義を踏まえ、マネジメントの具体的な方策として、取締役会の機能を再定義していた。

従業員資本主義体制を築いた年金基金の資産は、機関投資家の手によって投資型の運用が行われるが、労働者にとっては、退職後の生活に備えて今日の賃金の一部から拠出している以上、投資ではなく将来の生計の資になるべき移転支出であり、極めて重要な私的財産に他ならない。と同時に、年金基金の資産は、少子高齢化が急速に進展しつつある情勢を踏まえれば、すでに到来してしまった高齢社会を支え、高齢者主体の消費市場を支えうるために不可欠なのである。その意味では、年金基金の資産は、高齢化社会あるいは高齢社会に突入している先進国の社会や経済にとっての重要な社会財産でもある。

また、このような巨大な年金基金の資産は、資本市場に流入することによって、乱気流の激しく変貌する経営環境において、企業が維持・存続・発展を目指して活動する上で必要な資金需要を満たすものとなっている。企業は、その将来性を開拓していくため、事業活動の根幹をなすマーケティングとイノベーションにますます多くの資金を要するようになっている。グローバル経済の進展や労働力構成の変化に対応して、ますます企業は、海外へ生産拠点を移転させ、プロダクション・シェアリングを進めなければならなくなっている。そして、特に重要なこととして、企業は、持続的な競争優位性の源を成す知識を確保ないし育成するため、不確実性が高くとも莫大な資金を継続的に投資し続けなければならない。さらには、一時的な混乱の中で、一定期間、組織を維持するためのキャッシュ・フローを絶えず準備しておかなければならない。年金基金の資産は、それら高まりつつある企業の資金需要に対して、直接間接に潤沢な資金供給源となっており、企業の現在と将来における資本形成を支えているのである。

もちろん、このような年金基金は、企業の活動を支えるにあたって、労働者にも十分な利益をもたらしている。労働の機会を必然的に組織に求めざるを得ない組織社会を背景として、雇用が個人にとっての新たな財産権となっているのだが、年金基金は、以上に示したような経済に対する影響力を通じて、企業が雇用を維持し創出することを可能にしているのである。

以上のような年金基金とその資産の経済や社会に対する影響力を踏まえて、ドラッカーは、年金基金制度を、労働者や企業にとってだけでなく、社会全体、しかも現在だけでなく将来にわたって、極めて重大な社会的制度である、と定義している。そして、彼は、特定の労働者や年金基金や企業にとってだけでなく、経済全体ならびに社会全体にとって、年金基金制度が適切に運営され、しかも将来に備えて適切にマネジメントされることを確信しうる体制が築かれるべき重大性を強調し、年金基金制度の管理をマネジメントが挑戦すべき中心的な問題として提起していた。

ところで、このような年金基金は、その資産規模の巨大さ故に、機関投資家の運用手法如何によっては、個別企業ひいては経済全体に対して、あまりにも多大なる影響力、破壊的な影響を及ぼしかねなくなっている為、事実上、所有する株式や債券を自由かつ活発に売却することができなくなってきている。

多元主義社会の特質の一つである乱気流の経済についてドラッカーが指摘したように、かつて機関投資家は、受託資産の運用成績を志向してヨリ利回りの高い投資選択を最優先させるあまり、経済全体の中長期的な均衡を無視した短絡的な投資行動をとってきた。機関投資家は、起業家経済が形成され、多くの将来性が期待されているベンチャー・ビジネスに資金を投下する一方で、経済全体への影響力を考慮せずに、七〇年代末から八〇年代にかけて活発に展開された乗っ取りの多くを手助けし、育成・保護されるべき、企業や産業に悪影響を及ぼしてきた。あるいは、機関投資家は、グローバル経済の進展や変動相場制への移行に伴って、世界的に投機的な運用を試み、乱気流時代の一つの原因とされた過剰流動性を促進させ、企業の中長期的な資金計画を攪乱させてきた。

しかしながら、今日のポスト資本主義社会において、もはや機関投資家は、以上のような短期的な利潤を追求して、株式や債券を活発に売買することを許されなくなっている。というのは、機関投資家の以上のような運用手法によって企業の安定的な活動を阻害し、経済全体に及ぼす影響力が社会の反目を受けるようになってきたということと同時に、既述したように年金基金の資産が極めて重大な個人財産であり社会財産となっているが故に、その資産の保護を何よりも重視しなければならなくなってきたからである。

今日の機関投資家は、その受託資産の運用手法を根本的に変え、投資対象の特定企業に対して、その経営者層をして、経済的成果（企業の生成・発展・維持）をあげさせるようになってきた。機関投資家は、代表的な所有者としての権限に基づいて、企業が投資する年金基金の資産に長期的かつ安定的な配当とキャピタル・ゲインをもたらすように、積極的にマネジメントに介入するようになってきたのである。このような点で、近年の機関投資家は、経営者層に健全なマネジメントを実践させる規制力、場合によっては、企業の成長と発展を促進するベンチャー・キャピタルとして、機能せざるを得なくなっている。

ドラッカーは、以上のような年金基金の重要性と影響力、機関投資家と企業との関係が変質してきたことを踏まえて、企業の統治者である取締役会について二つの新たな機能を加えていた。

その一つの機能は、企業に投資する年金基金のニーズに適った経営を実践するための方策として、当該企業の経営者層が外部機関による経営監査を積極的に活用することによって、取締役会全体、取締役員個々の経営責任を制度化することである。また一つの機能は、企業が設置している年金基金の資産が健全に運用されるべく専門取締役を起用し、年金基金制度のマネジメントについて、従業員とともに責任体制を確立することである。これら二つの新たな機能を含めて、取締役会が多元主義社会以来の諸機能を遂行することによって、組織は、年金基金の力を従業員資本主義体制における企業の統治構造に適切に取り込むことができ、経営者層および組織の正当性が確立されうるとドラッカーは意図していたのである。

三 「富の創出能力の最大化」

ドラッカーが提示する企業統治構造改革の具体的な諸策は、所有と経営の分離によって権限の制度的な根拠を失い、成果によってのみその権限の妥当性を確立するしかなかった経営者層に対して、明確な制度的な権限の根拠を与えうるものである。また、年金基金という代表的な所有者に対する責任としてだけでなく、経営者の意思決定を外部機関による経営監査の活用という画期的な方策によって健全に抑制しうる点でも、十分に評価されるべきであろう。

しかしながら、企業の統治構造が機能しうると同時に、今日の経営環境において十分に機能するためには、マネジメントは以下に示す二つの課題をも克服していかなければならないと考える。

ドラッカーは、年金基金のニーズを考慮した企業の経営者層の責任として、財務上の責任を強調し、「富の創出能力の最大化」を志向したマネジメントを実践することによって、その責任が遂行されうると主張した。「富の創出能力の最大化」を志向することが、いかに年金基金のニーズを満たすことに結びつくのか、そもそも年金基金のニーズを満たしうるのか。

上述したように、年金基金制度は、労働者が退職後の生活に備えることを手助けすることを目的とし、現在から将来にかけて、加入者を募り、拠出金を積み立て、その資産を維持・増大させていくことによって、退職後の労働者に対して十分な年金を給付するという重大な経済的責務を負っている。その為、企業は、機関投資家を通じて間接的に当該企業に投資している年金基金に対して、外部機関による経営監査を活用することによって、企業の財務状況（安定的な配当を志向した財務政策）を健全に維持し、それら年金基金の経済的責務に応えなければならない。

具体的に言えば、ドラッカーが指摘するように、組織は、永続組織体としての維持・存続・発展を至上命題とする以上、中長期的な目標や事業計画に基づいてマネジメントが実践され、短期的な目的やニーズと長期的な目的やニーズとを均衡させることによって得られる中長期的かつ安定した成果をあげ続けなければならないのである。

また、企業は、社会的機関として、株主ないし債権者たる機関投資家の他に、一般の個人・法人の株主や債権者、事業の基盤である顧客、そして組織を構成し貢献する被用者、さらには地域社会など、事業活動によって影響を及ぼしうる全ての利害関係者に対して、それら利害関係者間に利害の均衡を保つべく、経済的あるいは非経済的な成果を還元しなければならない責任をも負っている。

これまでのドラッカーの主張を総合的に勘案するならば、企業は、これらの責任を遂行するためには、これまで彼が一貫して主張してきたように、「余剰利潤なるものは存在せず、あるのはコストだけである」という認識に立って、事業継続費用、未来形成費用、そして社会的責任として負担すべき社会的費用などのあらゆる費用を賄うべく、長期的な観点での利潤極大化を図らなければならない。つまり、ドラッカーが、企業が最重要視すべき財務上の責任として換言する「富の創出能力の最大化」とは、現在および将来を指向した合理的な利潤極大化志向、およびそれに基づいた経営体制を構築することに他ならないのである。

ところで、ドラッカーは、企業がこのような長期的な観点に立って、「富の創出能力の最大化」を志向することは、安定した成果を生み出していくために、年金基金制度の利益にも適うものであると主張していた。しかし、年金基金が直接的にその権限を企業に対して行使していない以上、「富の創出能力の最大化」という経営目標が、以下のように、最大の所有者である年金基金の理解を得られるとは言い難い、と小生は考える。

なぜならば、年金基金制度の管理者は、その資産の保護を念頭に置いて、適切に運用しうる委託機関を選定し、あるいは、その委託先機関を通じて年金プランの提供を仲介するだけであり、資産の運用ではなく制度の運営を活動目的としているからである。年金基金制度の管理者は、具体的に、資産をどのような企業に投資し、その投資先企業とどのような利害関係を構築するか、など直接的に投資先企業のマネジメントに介入することはない。あくまでも年金基金資産の受託者である機関投資家が、年金基金を代表して、企業と直接的な利害関係をもち、受託者としての利害を企業に対して要求する。そして、年金基金と機関投資家の利害は、それぞれが焦点とする目的を異にする以上、完全には一致しがたいものである。

年金基金が機関投資家に資産を委託する際に要求するものは、単純に資産を維持させるとともに、加入者の納得できるだけの利回りをもたらしつづけることであり、投資先企業のマネジメントに介入することまでをも要求していない。それに対して、資産運用を委託された機関投資家は、受託資産をリスクある企業に積極的に投資し、そのリスクに応じただけの配当やキャピタル・ゲインを企業に要求するし、健全なマネジメントが実践されるべく、潜在的・顕在的に企業の経営者層に圧力を加えざるを得ない。機関投資家の成果は、各期毎に明らかにされる資産の利回りによって測定され、リスクを最小化しながらどれだけ最大限に投資収益率を達成したか、という短期的かつ具体的な尺度によって評価されるものである。

したがって、「短期的投資戦術」や「株主価値最大化」を志向することが、いくら企業に悪影響を及ぼしうるとドラッカーが批判しても、年金基金資産の運用が機関投資家に委託され、彼ら機関投資家が自らの成果を追求して企業との直接的な関係を持っている以上、それらの悪しき志向が是正されることはあり得ない。機関投資家は、他の利害関係者とは異なり、直接的な企業の所有者であり、他の利害者とは異なり、いやそれ以上にリスクを冒して企業に受託資産を投資するのであるから、企業に対して負担するリスク応分の配当やキャピタル・ゲインをもたらすように、株主価値最大化を要求するのは必然である。しかも、機関投資家は、リスクを増大させかねない企業の長期的な成果、見通すことのできない将来を特に志向するマネジメントについて、到底同意しうるものではない。

以上のことから、ドラッカーが提唱するように、企業の経営者層をして、「富の創出能力の最大化」を志向したマネジメントを実践させ、年金基金の利害に適った長期的かつ安定的な経済的成果をあげさせることは、機関投資家の事情に鑑みれば、統治機関である取締役会を改革し活性化させることによって、十分に達成されうるものではない。

したがって、年金基金に代わって、企業の直接的かつ最大の所有者となっている機関投資家に対して、彼らの企業のマネジメントに対する要求に異議を唱え、時には不当な要求に屈せず抵抗しうるよう、企業の統治者である経営者層の権限基盤を間接的に強化させ、その正当性をも強化しなければならない。

例えば、従業員持ち株制度あるいは株式賞与制度を介して、長期的な成果を志向するマネジメントに理解ある組織内部の経営者層や経営管理者層および一般労働者を、集合的には、代表的な所有者とし、機関投資家の影響力を抑制しうる所有構造を形成することがあげられよう。ドラッカーは、従業員が自社の株式を所有することについて、失業という社会的にも重大なリスクを絶えず負っている上に、さらに企業の経済的リスクまでをも負担させうるとして、批判的・否定的な見解を示していた。しかしながら、それら従業員に株式を付与する制度が、従業員が議決権を行使させることによって、機関投資家が企業の適切なマネジメントを阻害する不当な圧力を排除することを制度本来の目的とするならば、むしろ労働者自身の経済的リスクを軽減することに資するものである、と小生は考える。

四　今日の年金基金制度の運営状況と改善策

企業は、今後ますます労働者にとっての財産として重大化する年金基金を企業全体のマネジメントとの関連において、どのように取り扱うべきか、また利害関係者に対してどのような政策を講ずべきか、さらには誰が年金基金のマネジメントを担当すべきか。

上述したように、年金基金は、労働者にとって極めて重大な個人財産であり、同時に、将来の高齢化社会を支える社会財産でもある。また、企業が年金基金制度を設置するそもそもの利点は、企業の福利厚生活動の一環として、労働者に対して、退職後の将来に長期的かつ安定的に年金支給を行うことを約束し、心理的安定を与えることである。それとともに、退職後の拠出者を扶養するために十分な余剰を生み出すために生産性を常に強化せざるを得ないことについて、労働者の理解と支持を得ることである。そのような年金基金の意義に鑑みれば、企業は、マネジメントの責任として、年金基金制度を適切に管理しなければならない。

しかしながら、ドラッカーが年金基金制度そのものの構造改革を示唆していたように、近年において、企業が年金基金制度を管理することの意義は、大幅に希薄化しつつある。企業は、これまで年金基金制度を、企業の労働者に対して、付加給付の一環として提供し、拠出不足や資産の損失を企業の利益から補填するとともに、年金基金制度を維持するためのさまざまな経費を、企業全体のコストとして負担してきた。しかし、一九九〇年代末期以降、そのような企業の年金基金に対する姿勢は、急速に限界を露呈し始めてきている。今日、日本の大企業も然りで、多くの企業は、もはや年金基金制度をマネジメントすることによって、労働者に約束してきた程に、その資産を十分に維持・増大させることができなくなっているし、年金基金制度そのものを維持するのに要するコストを負担できるほどの余力を確保できなくなってきている。しかも、今後、労働者の大半を占めることになる移動の自由をもつ知識労働者は、付加給付によって企業に対する忠誠心を高揚させていく傾向をもっていないため、企業は人的資源管理上の利点を享受できなくなりつつある。今や、企業が年金基金制度をマネジメントすることは、企業自身に対しては、利点をもたらすどころか負担を強いるものであり、乱気流の経営環境における不安定性を増大させる要因となりかねない。そのような現状を踏まえて、ドラッカーは、年金基金制度を従来の確定給付型から確定拠出型へと改革すべきことを当時から提唱していた。

事実、アメリカにおいては、一九七四年にエリサ法が制定されて以来、四〇一(k)プランといった確定拠出型年金への加入者が急速に増大し、今日までに全加入者の八〇%を占めるほどにまで成長してきている。労働者自身も、企業の年金基金に対する姿勢が変化したこと如何にかかわらず、自己責任原則に基づいて、自ら積極的にリスクを受け入れ、自らの資産の運用方法について意思決定できることを求めるようになってきたのである。

かくして、近年における年金基金制度は、ほぼ労働者の手に委ねられるべき性格を持ってきており、企業が年金基金をマネジメントの責任として、管理することが労働者の利害に合致するとは言えなくなっている。企業が年金基金制度をマネジメントすることによって、労働者に対して提供しうる便益は、もはや年金基金の制度を維持するために要する経費を負担すること、および拠出金を税引き前給与から天引きすることによる節税効果をもたらすことぐらいしかない。即ち、労働者の観点からみても、企業が年金基金制度のマネジメントを実践し続けていくことの必要性はなくなりつつあるのである。

したがって、ドラッカーが主張するように、年金基金財団の理事会とは別に、取締役会の構成役員に、年金基金制度に精通し適切かつ独立したマネジメントを実践しうる専門取締役を起用するなど、積極的に経営者層が年金基金に介入する合理的な理由は、今や存在しない。むしろ、ポスト資本主義社会においては、年金基金制度は依然として企業の手中にあるべきものではなく、その運用リスクを労働者に分離割譲している以上、制度そのものも彼ら労働者に渡されるべきである。とは言え、その経費を企業が労働者に対する付加給付として負担することに鑑みれば、若干ながら企業の利害関係も留保されておかなければならない。

これらの年金基金制度をめぐる労働者と企業の事情に鑑みるならば、唯一の方策は、年金基金制度の取締役ないし理事を選任、あるいは更迭する権限を、労働組合に委譲し、その基本的な管理を労働者側に移管することも検討されるべきである。

ドラッカーは、労働組合について、これまで無謀な高賃金闘争を展開し、それが経営環境にさまざまな影響を及ぼすことによって、特定企業や産業のみならず経済全体を停滞させ、労働者の支持を失ってきたと分析している。また、今日のポスト資本主義社会においてリーダー的な労働者である知識労働者は、かつてのように労働組合が企業側と闘争を展開することに対して期待しておらず、労働組合が排他的な慣行を依然として持続していることに反目さえしている。知識労働者は、労働組合の存在意義を、あくまでも不当解雇された場合に、経営側に対して労働者の権限を行使するための最終的な機関、即ち雇用についての保険としてしか捉えていない。今や、労働組合は、支持と機能喪失によって、弱体化が免れ得ない状況にあるのである。そして、ドラッカーは、そのような労働組合の現状について、経営者層の権力に拮抗しうる唯一の機関として維持されなければならないことを主張するとともに、そのために労働組合が新たな機能を模索すべきことを強調していた。

したがって、そのような労働組合についてのドラッカーの主張をも考慮すれば、まさに年金基金制度の基本的管理（運用機関投資家の選定や運用プログラムの策定、制度そのものの運営など）を労働組合に移管することは、企業・労働組合・年金基金制度そのものにとって、利害が一致する有効な方策となりうる。ただし、依然として制度の維持に要する経費を企業が負担していること、労働者の拠出額に一定限度の拠出金を積み立てていることに鑑みれば、専門取締役にこだわらずとも経営側の代表を基金の理事会に加えて、経営側の意向も若干ながら汲んだ年金基金制度の管理が行われるべきであろう。

こうした年金基金に対して、ドラッカーは、企業存続諸目標により投資先を監査し、知識活用の経営者に投資家として奉仕すること、を提唱している。年金基金の株式投資が増大し、社会が高齢化し、将来の生活の糧が心配されるようになると、財務畑出身者の多い年金基金をはじめとする「機関投資家の運用者を、教育するという気の遠くなるような仕事」、即ち、「(財務とともに)事業を理解してもらうこと」、「短期と長期、継続と変化、改善と創造などの相反するものの均衡……を理解してもらうこと」が必要になるとした。これらから、取締役会(特に機関投資家)に対する最高経営者の影響(経営教育)も、ドラッカーが考えていた、と解釈される。反面、従来からのように、取締役会による最高経営者に対する監視・監督がある。総合すると、両者による「協働統治」が全般経営・最高経営で必要である、とドラッカーが主張していた、と小生は解釈している。

(松藤　賢二郎)

注

（1）資金・資材や人材の調達から開発、製造、販売、流通に至るまでの一連の事業活動を、世界規模で分散・統合した事業展開方法。

（2）Drucker, P. F., *Managing for Results*, Harper & Row Publishers, 1964, p. 216.（上田惇生訳『創造する経営者』ダイヤモンド社、一九九三年、三〇八頁。）

（3）*Ibid.*, p. 208.（同上訳書、二九六頁。）

（4）*Ibid.*, p. 208.（同上訳書、二九六頁。）

（5）従業員退職所得保障法。制度に加入している従業員の受給権保護を最大の目的とし、制度の運営・管理に関して規定する法律。

（6）アメリカ国内税制を規定する法律。一九七八年に四〇一条(k)項が追加され、一定要件を満たす確定拠出年金の掛け金に対して所得控除（非課税）が認められ、年金基金制度加入者の税優遇が図られた。

第四章　多元的組織社会と二一世紀の経営課題

——ドラッカー経営学の意義と展望——

第一節　多元的組織社会の進展

一　財産中心社会

人類の歴史において、経済が飛躍的に拡大したのはイギリスに始まる産業革命によるものであった。一八世紀・一九世紀は、圧倒的な経済力を誇るイギリスが世界の主導権を握り、パックス・ブリタニカと称せられた。イギリスにおいては都市化が進み、ロンドン、リバプール、マンチェスターなどで工業生産が盛んとなり、資本家がその主導権を発揮するところとなった。ヒト・モノ・カネといわれる経営資源のなかでも、カネが最も希少性が高く、労働力は農業地区から排出された労働者が都市に殺到して豊富な資源となっていた。

財産をもつものがそれを資本として投下し、そこで得られた利潤が個人的に取得されるのであり、利潤を拡大することをめざした財産所有者が同時に企業支配者である社会であった。言い換えるならば、財産社会とは支配の源泉が財産の所有によってなりたっている社会である。

アダム・スミスは、人が自らの利己心に基づいて経済人として市場で行動するならば、見えざる手によって秩序が形成され最大多数の最大幸福が実現する、として財産を主導とする市場経済を道徳的にも肯定する論理を提示した。しかしながら、産業革命下のイギリス社会の現実は、スミスの論理を裏切って多くの矛盾を露呈していった。資本家はブルジョアジーとして豪奢な生活を営む一方、過酷な労働条件で雇用された労働者はプロレタリアートとして惨めな生活環境にあり、極めて格差の大きな階級社会が存在することになった。

二　組織社会

二〇世紀に入って、世界の覇権はイギリスからアメリカへと移行した。テイラーの科学的管理法が経営学の始祖として著され、フォードによる大量生産を軸とする自動車産業が画期的な成果を実現し、大量生産・大量流通・大量消費というアメリカ型経済社会が繁栄の基盤となった。テイラーやフォードは、アメリカ経済に発展をもたらしただけではなく、アメリカの社会、否、世界の社会生態を変革していくことに関係したということができる。アメリカはイギリスから世界の覇権を移行させ、パックス・アメリカーナと称される地位に立った。

産業は大企業によって主導され、大量生産原理は取りも直さず企業経営の本質的変化をもたらすことになった。組織を運営するマネジメントが企業にとって決定的に重要になり、財産を所有する資本家が直ちに企業支配能力を保持するということはできなくなってきた。ここに、組織の意思決定機関である専門的経営層が、必然的に社会の新しいリーダーとして登板してくる素地が形成されていくことになった。企業を支配する論理が、財産所有に基づくのではなく、専門的経営能力に基づく現実へと移行することになっていった。

アメリカの世界覇権に主導されて、今日では世界の大多数の人々が、生活したり所得を得る機会を組織に依存している。組織はわれわれの日常環境となっている。言い換えるならば、現代に至る社会は財産中心社会から組織中心社会に移行したということができる。財産中心社会においては、個人はどれほどの財産をもっているかによってその社会的地位や所得が決定される。組織中心社会においては、個人はいかなる組織に関わり、いかなる組織内の役割を占めているかによってその社会的地位や所得が決定される。

第一章で述べたように、ドラッカーは財産ではなく経営能力による支配の実現をアメリカで確め、そこに「自由にして機能する」産業社会を確信し、そこに責任と機能を提供する存在としての「産業人の未来」を肯定的に捉えたのであった。

このように、企業が経済的・統治的・社会的制度であり、そのための支配が財産によるのではなく、専門的経営に依存するとすれば、経営の正当性がそこに求められる。ドラッカーはその規範を、自らの経営哲学に基づきマネジメント理論とその実践として提示した。

三　断絶の時代

このように社会や企業の状況、そして経営のあり方を論じながら、ドラッカーは一九六九年に世界的なベストセラーとなった『断絶の時代』を発表した。当時では未だ明確にはなっていなかったが、企業のみならず社会全般に関わる「非連続」な変革が生起していることを明示したのである。非連続な主なものは、新しい技術、ワールドエコノミーの誕生、多元的組織社会、そして最も重要な変化として知識社会の到来を示した。明日を予測するというよりは、現在を直視し、「明日はどうなっているだろうか」と問うのではなく、「明日をつくるために今日といかにとり組まなければならないか」を問うという、まさに社会生態学者にして行動的なドラッカーらしい衝撃的な著作であった。当時誰の目にも斬新に映った非連続な事実は、四十年あまりが経過した今日では誰の目にも明らかな事実として実現している。

四　新しい技術と知識

技術の成熟や停滞の心配がある農業や鉄鋼業、自動車産業においても、発展途上にある国々の需要の拡大によって経済先進国も発展の機会がもたらされるであろう。しかし、従来技術とは非連続な技術を基にした産業の勃興が期待される。四つの有望な産業が視野に入るとした。情報産業、海洋産業、材料産業、そして人間の住む新しい場所であるメガロポリスに関わる産業である。

これらの産業は、物理学・生物学等、伝統的に科学と呼ばれてきた技術のみならず、自然科学・人文科学といわず人知の全体系を包むシステムとして発展していくことになる。現在、われわれの日常に大きなインパクトを提供している情報産業、コンピュータやスマートフォンを例示しただけでも、それらがさまざまな高度自然科学技術のみならず、使い手の利便や心理という人文科学的配慮がなされていることを知ることができる。

ドラッカーは、非連続の新しい時代においては、科学的技術のみならず、それを超えた「知識」を諸活動の基礎として位置づけ、新しい社会を知識中心社会として把握する。知識が重要な経営資源として位置づけられ、財産や筋肉労働によって主導されるのではない（それは不要になったというわけではないが）社会が到来することの提示であった。その社会では知識に対する評価が変わる。学習や就業選択も変わる。経営としては、新しいステータスとしての知識労働者に対する配慮が重要になる。自らの誇りや仕事に対する取り組み、達成意欲、知識のフォローや成長などが所得に付加して配慮されなければならないことになってくる。

ドラッカーは、知識の萌芽をテイラーの科学的管理法に見出している。テイラーは、労働における動作研究、機能によって分化された職長制度、賃金体系などを具体的に提示し、偉大な成果を上げた。しかしながら、テイラーは、単に生産性を上げるために研究を始めたのではなかった。労働と資本の間の自滅的・敵対的な闘争を憂いて、強い社会的関心から研究を始めたのである。「科学的」管理法と呼ばれているが、テイラーの意図したところは、「経験から科学へ」とともに、「対立から協調へ」を柱としたドラッカー経営哲学に類するものであった。知識に携わる者には、より高い倫理的責任をもって自らの行動を律していくことが、知識中心社会においては強く要請されるところである。それによって、自由にして機能する社会の質が位置づけられる。

五　ワールドエコノミー

イギリス産業革命によって重要な問題となった「国際経済」に変わって、非連続な「世界経済」が誕生していく。国々によって貧富の差こそあれ、人々がもっているもの、ほしがるものは同じようなものになる傾向にある。さすれば、世界の人々は同じ経済社会に属していることになり、国境を前提として相互に交易するというよりは、全地球に住む需要者、供給者という位置づけが強化される。今日では「グローバル社会」と呼ばれ誰もが認識している事実を、四十年余り前にドラッカーは非連続な断絶として指摘した。

このような認識のもとにあっては、産業社会の核となっている多国籍企業の存在が重要性を増してくる。それは、一国や一地方ではなく、世界経済全体に活動の基礎を置き、世界共通の成長や貢献を視野に入れて行動が期待される存在である。自国の利益を超えて行動できない各国行政の限界を超え、紛争に満ちた世界のなかで共通の成果と絆をつくりあげていく可能性を有している。世界を一つの社会と見なすことができるようになれば、場所のいかんを問わず貧しく苦しんでいる人を助けることは必要である。しかし、慈善的援助はいわば医者が来るまでの応急手当のようなものである。もちろんそれは必要な場面も多い。しかし、視野を広げれば、多国籍企業のような現地の活動力を拡大していくような働きが、現状を脱皮し現地自らの発展につながる。魚を提供するよりは、漁具や漁法を提供する方が長期的に役立つからである。

世界経済が一体化するにつれ、政府・非営利組織の活動を含め、企業活動、わけても多国籍企業の存在が注目される。多国籍企業は、その目的、世界を視野に入れた事業展開、現地での仕事の進め方やふるまい、本国・現地政府との連携などで自らの役割と成果を自覚しなければならない。

六　多元的組織社会

一九六九年『断絶の時代』において、ドラッカーは従来の企業を中心とした「産業社会」の構想を修正し始め、非連続に多元的組織社会の誕生を提示する。即ち、政府、企業、非営利組織という組織カテゴリーがそれぞれの使命と機能にしたがって、分散された独自の働きを強化する社会が構想されていく。

将来の歴史家は、「中央政府はたそがれの時代」にあったと後に語るであろう、と指摘する。能力を欠いた経営、過度の統制、柔軟性を欠いた官僚制、そして、なにが正しいかというよりは行政にとってなにが便利で利益になるかというような意思決定と行動である。あまりにも多くのことをしようとして、あまりにも少ない成果しか上げ得ていない。政府は、有効かつ強力になるためには他の組織に権限を委譲し、本来なすべき仕事に集中しなければならない。

かつてドラッカーは産業社会の未来が全体主義を打ち破るものとして、その社会モデルに夢を託したのであったが、それにほころびが見え始めた。今まで企業を圧倒的に重要な制度として産業社会の構造を描いてきたドラッカーが、その限界を認め多元的組織社会への移行を論じたのである。彼自身このことに触れ、「私は大企業を現代の〝決定的〟組織体と呼んだ」ことに対して反省を披瀝し、「他の組織体はそのころはあまりはっきりとは可視線上に現れておらず、われわれの社会の透明な構造もまだ明らかになっていなかった(1)」と弁明している。ここで新たにフォーカスされてきた組織体こそ、社会的機関、非営利組織であり、大学・病院・福祉施設・教会などが例示される。

このようにして多元的組織社会は、それぞれの機関がそれぞれの本来的な役割を果たし、相互に協力し、ある場面では緊張関係をもって機能することが要請される。どんな組織も独力で存在することはできない。社会のなかで共に存在し、相互に依存し、相互に牽制しあうことによって多元的社会のバランスを維持していくことができる。

企業はセンチメンタルでは存続できない。顧客は昔から親しんだ商品だからという理由だけで購買を続けてはくれない。その商品やサービスが、現在か未来の自分にとって役に立つかどうかで購買を決定する。投資家も同様である。企業は厳しい環境のなかで顧客を創造し、経済的価値を提供できるかに存続を賭ける。行政は公平・一律を原則として公共財・サービスの供給を任務とし、社会にとってのセーフティネットとして機能する。社会全体の統御も要求される。楽団に例えるとすれば、コンダクターとして個々の演奏が設計された効果を最大限に発揮し、全体のハーモニーをつくりだすことである。非営利組織は自由に自らのミッションを設定し、社会と個人のあり方を変革しようとする。

非営利組織にとっても経済は重要ではあるが、それは組織の目的ではなく、ミッションを実現するための必要条件である。

諸組織が役割を果たしていくためには、マネジメントが不可欠になる。主に企業で鍛えられてきたマネジメントは、行政や非営利組織にも共通する知識を提供することができる。一方、組織のカテゴリーによって独自のマネジメントも存在する。経営学の新しい地平が拓かれることが要請されるところである。

このようにして、多元化された諸組織が設定された役割を果たすことのなかで、多元的組織社会の未来が決定される。多元的組織社会は、過ぎ去った社会形態よりは有意義なものになる可能性をもっている。自由にして機能する社会や個人の実現にとって、より大きな機会を提供しようとしているかに見える。それは個人が組織のなかで責任ある貢献ができるかどうかに依存している。そこから逃げ出したとすれば、それは自由ではない。無関心である。自由で機能する社会を実現するために、個人は市民として社会と組織体に対する責任を担わなければならない。組織体がなにをするかということよりは、われわれがなにをするかにかかっている、とドラッカーは指摘する。

第二節　二一世紀の課題

一　産業社会の裏切り

前節でも述べたように、ドラッカーは産業社会に託した期待をシフトさせ、来るべき社会モデルを多元的組織社会として提示した。ドラッカー構想の挫折ともいい得るシフトはどのように生じたのであっただろうか。

社会生態学者とも自称する彼は、政府の限界を観察したが、何よりも産業社会の中核的役割を担うべき企業、特に大企業が利潤拡大そのものに目的が流れ、経済的成果を生み出すことには成功しながらも、看過できない結果を生み出してきたからに他ならない。それはドラッカーの当初の期待を裏切るものであり、彼が終生変わることのなかった経営哲学を実現する社会とはなりえなかったからである。自由と機能を両立させることができない産業社会の現実を露呈したからである。

二　ドラッカーの誤算

なぜに誤算が生じたのか。企業には資本の論理、即ち利潤を最大化することを至上の目的とする本質をドラッカーは軽視していたと筆者は判断する。かつてマルクスが鋭く指摘したように、資本は自己増殖の本質をもっている。「資本主義に対しては重大な疑念を抱いている。経済を最重要視し偶像化している。あまりに一元的である。……人間として生きるということの意味は、資本主義の金銭的な計算では表わせない。金銭などという近視眼的な考えが、生活と人生の全局面を支配することがあってはならない(2)」と論じ、ドラッカーは、自分が支持するのは市場経済であって資本主義ではない、としばしば主張した。しかし、市場経済には資本の自己増殖への動力が強力に存在することへの誤算があったのではないだろうか。その事例を代表するかのように、わが国はバブルを発生させた。ドラッカー亡き後も、バーチャルな商品が市場に跋扈してリーマンショックを生じさせ全世界を震撼させることになっていった。

同様に、個人の側でも、経済を社会や人生にとって相対的な地位に位置づけるのではなく、最大の目標とする意識を露呈してきているのではないか。「経済人の終わり」ではなく、そこに戻っているかのような現実が観察されるのである。一部に見られるドラッカーへの全面礼賛ではなく、彼の誤算をも認識することによって彼の次なる展望への理解が深まるはずである。われわれは産業社会が生んだ負の部分を観察することにしよう。

三　拡大する格差

企業経営の原理に合理・効率を欠かすことはできない。それは反面、人事評価における過度な成果主義を生み、所得格差を拡大させてきた。わが国では、アルバイト、派遣社員など非正規社員の比重が大きくなり、給与格差や組織へのコミットメントの希薄化を生み出した。株主配当や好業績を上げた経営者への所得還元の拡大と対照的に、勤労者特に非正規社員の分配は抑えられるところとなった。知識が最大の資源となるとき、それを行使できるものとできないものとの格差も組織のなかで大きくなっていくのは必然であった。

経済における合理・効率優先は所得格差を拡大させ、「勝ち組・負け組」という表現が市民権を得るような歪んだ状況を現実化させてしまった。所得格差は教育格差（知識格差）、幸福感格差にも相関するといわれている。ドラッカーは二〇〇二年『ネクスト・ソサエティ』の序「日本の読者へ」の冒頭に述べる。「日本では誰もが経済の話をする。だが、日本にとって最大の問題は社会のほうである」と。

四　経営哲学の貧しさ

資本の論理が優先されると企業の理念や価値観は後退し、経営哲学はきれいごとの位置に押し下げられる。儲かる会社がよい会社、儲ける経営者がよい経営者、という判断がなされてしまう。経営にとって、その哲学が重要でそれが社会や個人の質を変える、というのがドラッカーの主張であり、第一章でその内容を詳述した。知識が成果への重要な資源になるとともに、知識労働者の管理と、知識が向かう方向性が経営哲学によってコントロールされなければならない。

今日、企業倫理が叫ばれるが、ドラッカーの哲学が軽視され、彼の説く機能的な側面としてのマーケティングやイノベーションのみが受け入れられることになってはならない。経営学研究でも、企業の機能研究が支配的である状況は反省され、真に社会に貢献し人間に貢献するところの哲学を有した経営学が探求されなければならない。専ら利潤拡大をめざす「経済人」がプレゼンスを高めることによって、産業社会の豊かさが蝕まれてくるのである。

五 「工場共同体」の喪失

企業を経済的・統治的・社会的制度と把握するとき、従業員の生活現場でもある職場において、そこが経済的関係のみならず共同体としての関係性をもつことが指向される。ドラッカーは、彼は、「工場共同体」という概念を『新しい社会と新しい経営』において具体的に展開し（原型は『産業人の未来』において初出している）、その生育に期待を寄せた。それらを実現することによって「自由にして機能する社会」が可能になると考えた。一時はこれが最大の貢献になると自らが評価したこともあった。そして、経済機能体でありながら生活共同体の色彩を色濃くもつ日本的経営に期待したこともあった。彼は述懐する。「当時私が〝自治的工場共同体〟と名付けた新しい社会構造における共同体、つまり大企業共同体を私は提唱したのだった。大企業共同体は実現したが、ただ一つの国、日本においてだけだった。しかし、その日本ですら、これが問題の回答や解決でないことが、すでに明らかになっている(3)」と。

企業が経済的成果を激しく競うだけの色彩を強めれば、統治的制度として産業社会に期待した共同性は失われる。彼が最も期待したという日本的経営においてすらも、今やその共同性は希薄化し内部告発が多発してきている。

六　地球環境の破壊

企業が自由な競争を行い、コスト削減に努力するなかで、地球温暖化や酸性雨など環境破壊につながる生産活動廃棄ガスの排出は、経済活動の拡大に比例して人類全体の問題として提起されてきた。この問題での国際会議がもたれてはいるが有効な規制は未だ実行されていない。早くから『沈黙の春』（一九六二年）、『成長の限界』（一九七二年）が警告の狼煙《のろし》ともなったが、経済発展を至上とする発展途上国を含めて、国家や企業の自制は有効になってはいない。ＢＲＩＣｓと称される、人口が大きく経済発展途上にある国々の経済活動を観察するならば、排出される公害物質のコントロールは産業社会が生み出した課題として解決が急がれていることはいうまでもない。三戸教授の主張する「随伴的結果」の一面である。

ドラッカーも、知っていて社会に衝撃を与えてはいけないと発言してはいるが、この問題に鋭く踏み込んでいるようには思えない。彼ほどの世界に影響力のある人物が、いま少し声高に警告を出してほしかった。彼の提示したマーケティングとイノベーションを駆使してきた企業が、社会的衝撃を生み出している現実をもっと鋭く告発してほしかったところである。

七　企業倫理

ここまで指摘してきた諸問題を含め、企業の倫理が問われるところとなっている。ＣＳＲ（企業の社会的責任）が経済先進国では注目されるところであるが、実践の真価が問われている。単にきれいごとであったり、社会からの好感度を狙ってのＣＳＲも観察されるところである。

虚偽の品質表示、危険のある商品、虚偽の情報開示、賄賂の提供など、倫理に反する現実は枚挙にいとまがない。メディアの前で企業幹部が平身低頭する光景は日常的風景となっている。産業社会が企業を主役とする社会であるとするならば、企業の倫理的行動体質は社会そのものの質を決定づける。企業が社会的制度として最低守らなければならない規範はもちろん、積極的な倫理行動が希薄化しているところでは産業社会の健全性は保たれない。

企業の社会的責任は、企業が経済的・統治的・社会的制度であることへの健全な応答である。経営者がそれを主導するリーダーであるとするならば、諸制度の健全な発展を実現する責任が求められる。いいかえるならば、企業業績、人間への配慮、一般社会への配慮を統合的に実現することである。産業社会の現在は、未だ大きな課題を残している。

八　政府の問題、非営利組織の問題

これまで第二節で明らかにしてきた課題は、産業社会の挫折をめぐる企業行動の限界を示してきたというものであった。同時に、ドラッカーが新しい社会モデルとして提示する多元的組織社会においては、行政、非営利組織のあり方が課題として検討されなければならない。

ドラッカーは、産業社会においては企業を主軸に置きながらも、行政府の機能をも重視していた。しかるに、先にも示したように、「中央政府のたそがれ」として、行政に対する失望を深めてきたのであった。その内容については第一節でも概観したところであるが、権限の過大さと保守、市民の目線よりは自己都合、公平と一律原則の限界、官僚主義などである。もちろん、行政の機能は固有のものがあり、他には代替できない存在である。自ら固有の機能に徹して、多元的組織社会のなかで役割を果たしていくべきことが要請される。

非営利組織は、組織のカテゴリーのなかで、重要度が低く見られてきたが、新しい多元的組織社会においては、最もドラッカーが期待する存在である。しかしながら、非営利組織はこれまで、多くの注目と期待は集めてこなかった。一般的には未成熟の部分が観察される。企業の成果は売上げや利潤によって客観的に測定される。それによって弁護できない結果が明らかにされ、マネジメントの良否が判定され鍛えられる。非営利組織にはそのような誰にも納得できる客観的評価尺度がない。経済的成果は活動の必要条件であり、ミッション達成がその目的であり成果である。そこに甘えが生まれる。「善いことをしているのだ」という誇りと自己満足がはびこる。非営利組織がドラッカーも期待するように、新しい社会モデルにおいて真に重要な役割を果たすためには、独自のミッションの確立と、それを達成するためのマネジメントを鍛えていくことが課題となっている。そのマネジメントには非営利組織特有のマネジメントがあるけれども、企業で鍛えられてきた原理が適用できるところも多い。ドラッカーは、非営利組織へのコンサルティングそのものは戦後の割合と早い時期から従事してきてはいたが、新しい社会モデルに貢献できる非営利組織に期待して、自ら企業を現場として洗練させてきたマネジメントを適用しつつ、非営利組織のためのドラッカー財団を創設するなど、晩年最も注力するターゲットとしたのである。

第三節　多元的組織社会の未来

一　礎石としてのドラッカー経営哲学

ドラッカーは『産業人の未来』を一九四二年に発表し、全体主義に対抗できる未来型社会モデルを論じた。彼は産業人社会を「自由にして機能する」モデルとして提示し、その発展のためのマネジメントを構築していった。その業績は世界から高く評価され、「マネジメントの発明者」とまで称されるようになった。

しかしながら、歴史の現実はドラッカーの期待を裏切り、社会は再び経済人戻りをしたかの様相となったのであった。産業社会は前節で明らかにしたように多くの矛盾と課題を露呈した。その現実を前にして、ドラッカーは多元的組織社会モデルの構想に進み、晩年にその論理と実践を深めていった。彼の提示したモデルは十分なものであるとはいえない。全体主義に対抗する産業人の社会を提示したときのような切れ味を筆者は感じることはできない。

ドラッカーの凄さは、産業社会の現実を前にして、自らが提示したそのモデルに固執することなく、社会生態を観察し潔く新しい社会モデルの提示へと向かったという点である。彼は、人間は不完全なもの、したがって責任をもった選択を選ばなければならない、それが自由なのだ、とする自らの主張を実践したということができるであろう。彼は、「自由にして機能する」社会モデルという生涯変わることのない哲学を固守しつつ、社会の変化に呼応して、変えるべきことは潔く変えていく態度を実践したということができよう。われわれは、彼の哲学を、変えてはならない社会モデルの礎石として認識する。その上で、ドラッカーの哲学に倣《なら》いつつ、変化していく環境のなかで課題を解決し、現実的なモデルを構築することが要請されているというべきである。最終節では、そのような態度で「多元的組織社会の未来」を探っていきたい。

二　多元的組織社会の構図

企業を主役とした産業社会、それに行政組織を加えたとしても、自由と機能を担保する社会が幻想になったとするならば、第三の組織体として非営利組織への期待が膨らんでくることになった。このようにして、行政・企業・非営利組織という三種の組織が、それぞれの組織原則に基づいて自立的に行動することが求められることになる。全体主義は、国家行政権力が特定のイデオロギーのもとに、すべての組織体を統制し一元的に支配する社会であった。多元的組織社会はその対極にあるというべきである。

多元的組織社会にあっては、政府、地方自治体、企業、病院、大学など、それぞれの目的・使命に基づいて限定された領域での活動が目指されなければならない。組織は目的達成のための手段である。それ自体が目的ではない。組織が健全に機能しているかどうかは、諸組織がそれにふさわしい業績を達成しているかどうかによって判断される。社会の機能を、経済・政治・文化・共同の四つに分けるとすれば、経済は企業が、政治は行政が、文化と共同は非営利組織によって主に担われることになる。異なる機能と原理原則をもつそれぞれの組織が、社会のなかで協働しつつ、ある面では緊張関係をもって自立的に活動を高めていくことが多元的組織社会に期待されるところである。そこに自由と機能が期待される。

多元的組織社会は個人にとっても特別の意味をもつ。知識中心社会にあっても、個人が自らの知識を活かすためには組織に連なることがその機会となる。自らの強みとしての知識を活かすべく組織を選択して、組織に貢献しなければならない。諸組織のマネジメントは、個人の理念・目標を統合して組織のそれと重ね合わせ、個人を機能せしめて社会のために業績を達成しなければならない。それがマネジメントの正当性である。そこでは、個人と組織の同時的発展が実現に向かい、自由にして機能する社会の構図が視野に入ってくる。

われわれは多元的組織社会を構成する諸組織について、それぞれの組織が独自の業績を達成し自由と機能を可能にするあり方を探求していくことにしよう。

三　行政の役割

封建時代の覇権闘争、イデオロギーに基づく全体主義や社会主義にみるまでもなく、権力を有する公権力は歴史を動かす大きな潮流であった。覇権を手にすることにより、権力欲を充たした一握りの人間による一元的社会が存在してきた。公権力としての行政は、社会のなかで大きな影響力を発揮してきた。

これからも、それは社会のなかで強い権力機構として存在し続けるであろう。わが国では、行政府は「お上」と称され、社会全体を統治し優越した存在であるかのように意識され行動してきた。戦後わが国経済復興に際しては、企業と官民一体の協働で経済活動を支えて産業社会を実現し、経済の成長を可能にしてきた。「公共」の領域は行政が独占的に支配し、「私」の領域は行政と緊密に協力しつつ企業が支配していくという構造であった。そこでは個人の市民意識は育たず、行政依存の体質が強いものとなってきた。しかしながら、多元的組織社会においてはそのあり方は転換していかなければならない。自由にして機能する社会と個人を実現するために、行政としての役割と活動の転換が求められる。

行政は、社会に共通の目標を実現するために、必要な資源を強制的に動員することのできる権力であり、民主主義国家においてはそのトップは国民の投票によって決定される。そのリーダーシップによって社会の方向が大きな影響を受ける。さらに行政の役割は、道路、公園、警察、消防、公衆衛生などの公共財を供給することである。これらの財は企業による市場活動になじまない。一律・公平に供給される。グローバル社会における地球環境保護や、経済発展途上国への支援なども行政の役割である。

現実の社会にはさまざまな問題や課題が湧出してくる。経済活動においては、市場における自由な市場競争と一定の規制、重点的産業育成活動を維持しグローバルな企業存在価値の確保、知識社会にふさわしい教育制度の構築、など枚挙にいとまがない。

組織社会においては、個人は組織の成員であることによって所得や社会的地位、尊厳を獲得する。失業は、単に所得が得られないばかりか、社会からの認知や自らの誇りを傷つけられることになる。就業の機会均等、完全雇用への接近、失業者の技能再教育等の役割は重要である。自由競争につきものの諸格差是正、税制による所得再配分も挙げられる。福祉においては、ノーマライゼーション理念と、それを可能にする積極的福祉（第三の道）などが目指されるであろう。

四　政府の失敗と課題

政府はモノやサービスの供給について、一律・公平の原則を適用する。供給するモノやサービスが公共財であり、政府行動の原理原則となっている。そこに政府の失敗（限界ともいうべきもの）が認められる。現代の社会はその需要が多様化しており、きめ細かいニーズに対応することはできない。供給財が画一になり国民の満足度が低いものになる。さらに政府組織が規模拡大したり、一律・公平原則を守るための官僚制の弊害や腐敗、意思決定の遅れや非効率が発生しやすい。自由にきめ細かく対応する非営利組織にその失敗の穴埋めを依存する必然性が発生する。

また、「公共の領域」「みんなの領域」に民間からの貢献を求め、それを支援する必要が認められる。政府の失敗に基づく穴を埋めるためだけではなく、「みんなの領域」に個人を巻き込み、市民社会を築いていくことが重要である。個人が、「みんなの領域」に関わりをもち、責任ある選択としての自由を行使する社会になるための支援が必要である。わが国で昨今、公益法人制度改革や税制優遇が実施されてきたことは、この課題に対応するものとして評価できる。

五 企業の役割

全体主義を退け、それに代わる産業社会の未来を構想したドラッカーの期待を裏切り、企業を主役とする産業社会はその限界を露呈した。その活動の舞台である市場経済も決して万全なものではない。今や多元的組織社会においては、企業は自らの問題点を謙虚に意識し、変化する環境のなかで果たすべき役割を選択していかなければならない。新しい多元的組織社会においても企業の役割は大きい。そのマネジメントは社会の物質的豊かさや個人の生きざまに関わる。責任ある選択を実践していくために、変わらざる礎石としてドラッカーの経営哲学を再認識したい。

企業の役割は、社会や人々のために価値ある財やサービスを提供し顧客を創り出すことであった。それはマーケティングとイノベーションによって可能になるのであるから、企業は人材を含む諸資源を動員して、その機能を磨き続けなければならない。企業は市場経済のなかで機能しており、厳しい競争に直面することによってその成果が問われている。それによって企業のマネジメントが試され、鍛えられてきたということができる。今日、経営は企業だけのもの、その成果を上げるための営みと誤解が残存しているのも、企業においてマネジメントが発展してきたという事情によるものである。

今日、大規模企業が支配的影響力をもつ状況のなかで、そのマネジメントは専門経営者によってのみ維持される。イギリス産業革命期のときのように、企業支配の源泉が個人財産に置かれてきた状況は一変している。変化し複雑さを加えていく企業経営において、専門経営者がいかなる経営をなすかが、企業が社会の公器、制度として役割をはたしていくために重要な課題となっている。経営者は、業績を上げなければならない。従業員を生産的に活動させてその人生を充実させなければならない。さらに、公共に貢献する存在でなければならない。そしてそれらを統合的に発展させる責任を担っている。自由にして機能する社会のリーダーとしての責任であり、経営者に与えられた栄光でもある。その諸側面を概観する。

六　事業発展における経営者の責任

経営哲学は変わらざるところであるとしても、それが現場として直面する環境は大きく変化していく。その変化をいたずらに傍観したり軽視していては事業業績を発展させることはできない。ドラッカーは、変化に挑むことはリスクがあるが、その変化に受動的に流されることはもっと大きなリスクであり、確実に事業は衰退すると指摘する。変化にいち早く対応するばかりか、自らが変化をつくりだすこと、チェンジ・リーダーになるべきことを主張する。彼は、マネジメント全般にわたってチェンジ・リーダーのあり方を説くのであり、もちろん事業発展においても重要な課題である。

第一節において、断絶の時代にみえる新しい産業分野として、従来技術とは非連続な技術を基にした四つの産業が視野に入るとドラッカーは指摘した。情報産業、海洋産業、材料産業、そして人間の住む新しい場所であるメガロポリスに関わる産業である。四十年余り前に目新しく指摘されたこれらの産業は、今や誰の目にも成長産業、企業が注力すべき事業分野として明らかになっている。これらの産業はさらなるマーケティングとイノベーションの成果を経て拡大することになるであろう。さらに、知識が中心的資源となる産業、グローバルに拡がる産業が眼前に拡がってくることになるのであろう。われわれはドラッカーを超えて、その後も変化し続ける社会環境に対応しチェンジ・リーダーとして機能していくことが求められている。

七　貢献すべき新しい産業分野

先の四分野に加え、『断絶の時代』以降にドラッカーが示唆したことや、彼の哲学に基づいて注目すべき事業分野を考えてみよう。

ドラッカーは、社会の要請や課題を解決すべき事業に注力し起業すべきことを説いた。例えば、地球環境を保護するため、公害を発生させる活動を防止し軽減するための装置開発事業が挙げられる。経済発展途上国がさらなる経営活動を拡大するとき、地球環境汚染と相関することは避けられない。

グローバルに拡大していく経済活動のなかで、経済発展と環境保全を可能な限り両立させる事業であり、社会に優しく自らの業績を確保するウィン・ウィンの事業となる。限られた地球資源を浪費することなく、原単位を小さくすること、代替製法を発見することなどもこの路線に適合する事業分野となるであろう。

世界がますます一体のものとしてグローバルにつながり、人間としての連帯を深めるための事業も視野に入ってくる。例えば、健康と貧困の問題がある。長寿社会のなかで多くの医療資源を使うことのできる国々もあれば、一方で軽微な疾患で命を落とす状況にある国々も存在している。知識を集約した抗がん薬品の開発需要もあり、下痢やマラリア、エイズ等に有効な薬品を安価に供給する事業も社会に貢献できる事業である。

ドラッカーが詳しく触れるところにはなかったが、貧困層を顧客ターゲットとしたＢＯＰ（Base of the Pyramid）ビジネスの推進がある。従来、マーケティングの対象は購買力豊かな層をターゲットとしてきたが、ＢＯＰビジネスは地球上の貧困な層をターゲットとしてビジネスを組み立て、貧困層にも購入できる商品設計を行い、彼らの経済生活に貢献すると共に、企業としてもビジネスとしての利潤をも確保していくという事業である。小さな商品単位、安い価格設定を考え、現地の人々を活用することによって、コストダウンと雇用の創出をも可能にする。ユニリーバ社はインドに子会社を設け、貧困層を顧客ターゲットとして安価な石鹸・洗剤を販売、全インドに製造工場・販売ネットワークを張り巡らし、売り上げは二千億円に達している。従業員は三万人を超え、この事業を通してインドにおける衛生環境やその知識普及に努め、公正な商習慣を根付かせる社会貢献にも役立っているという。

わが国ではまだ十分に周知されていないが、経済産業省やＪＩＣＡなどが普及に力を入れており、ＢＯＰビジネスへの参入が期待される。特に現地の基礎的生活を向上させる食料や医薬分野、トイレタリー商品、マイクロファイナンスなどが有望な分野であろう。ドラッカーの経営哲学に適い、現地社会への貢献と自己利益確保のウィン・ウィンの事業事例と考えることができる。

八　個人に対する責任

人間個人、分けても従業員に対する責任は重要である。そこに席をおく従業員にとっては、個人的人生の多くの部分を企業生活に託している。その強みを引き出して高い生産性に結実させて、同時に従業員にとって意味とよろこびがある仕事と職場を提供する責任がある。かつて日本的経営は、単に所得を獲得する場所であるばかりでなく、そこに仕事仲間としての共同体的性格を色濃くしていた。社長から現場工員に至るまで、みんなが「わが社」として愛着をもって働き、かつ自らの人生の「居場所」としたのであった。ドラッカーの提唱した「工場共同体」に最も近いものとして、ドラッカー自身、「大企業共同体は実現したが、ただ一つの国、日本においてだけだった」と述べたことは先にも記した。この事実は、かつての日本的経営が誇るユニークなものであり、それが戦後焼け跡から立ち上がったわが国経済発展の原動力となった。雇用環境の変更、過度な成果主義によって日本的経営の慣行は希薄化され、当時では考えられなかった内部告発が頻発する状況になってきた。個人の自立性の欠如、一般社会はわが社のソトという倫理感覚の歪みなどは日本的経営の問題点として是正されなければならないが、職場が共同的色彩を保ち、信頼と協力のもとに仕事が進められていく価値は放棄すべきものではない。世界に貢献できるユニークな経営として、その改善を行いつつ保全することが望まれる。

知識が重要な経営資源となるとき、知識労働者は自らの知識を組織で活かし、所得以外でのモティベーションを強めるといわれている。過度の成果主義が陥ったような所得主義を是正し、多様なモティベーションを提供することが留意されるべきである。「人はパンのみで生きるものにあらず」というどんな人間にも共通する価値を思い、日本的経営の再出発が目指されるべきであろう。そのためには、経営トップからはじめ、従業員が仲間として協働し、喜憂を共有し、社会の公器としての企業であることを意識しつつ、「わが社」を発展させるコミットメントの再評価をなすことが望まれる。企業理念の確立、分権による責任の付与、仕事に厳しく人に優しい成果主義、知識の蓄積と活用、教育の充実、自己規律を可能にする目標管理等を再構築する必要がある。企業の来るべきグローバル・モデルとして世界に提示することが、わが国経営者にとって光栄ある責任である。

九　非営利組織の役割

ドラッカーがあれほど期待した企業を主役とする産業社会に限界を見出し、多元的組織社会に構想を移行するとき、最も注目する組織が非営利組織である。企業に価値観が希薄化し、無機質な利潤拡大主義が蔓延し、あたかも経済人戻りをするかに思えるとき、非営利組織が社会のなかで果たす働きとしての文化・共同が重みを増してくる。文化は、芸術にとどまらず、価値観、哲学、宗教などを含む。非営利組織におけるミッション（使命）に相当する。人間の絆を意味する共同は、家族が典型的であるが、非営利組織においてミッションに共感して協働する人々の絆、コミュニティに相当する。企業が無機質なものに傾き、共同体の色彩を有した日本的経営の退潮が観察されるとき、調和ある社会のために非営利組織が注目されるのは必然となった。これからの社会でますます優勢になっていく都市環境のなかで、人々の共同体を築くことが期待される。もちろん、非営利組織は古い歴史を有し、アメリカ社会の原点は非営利組織であることがトクヴィル（A. de Tocqueville）などによっても指摘されてきた。しかし、産業社会の行き詰まりのなか、あらためて非営利組織の重要性が強調されることになった。非営利組織は行政や企業と異なる原則を発揮しつつ、相互に協働と牽制の役割を果たし、自由にして機能する社会の実現への貢献が一層期待されることになってきたのである。

一〇　非営利組織のマネジメント

非営利組織の命はそれぞれが独自に掲げるミッションにある。ミッションは使命と訳され、文字通り命を使ってなすべき目的であり価値である。それは額に入れられた理想にとどまってはならない。ミッションを実現する成果を達成しなければならない。そのためには優れたマネジメントが実践されることが不可欠である。

非営利組織のマネジメントには、主に企業で磨かれてきたマネジメントがそのまま適用できる部分も多い。目的を達成するための事業展開、人材がその強みを発揮して貢献するための仕組みやリーダーシップなどは、企業・行政・非営利組織を問わず共通するものがある。産業社会の限界を見て取り、来るべき多元的組織社会において非営利組織の働きに期待したドラッカー自身、その事実を肯定するとともに、自ら企業で築いてきたマネジメントを駆使しつつ非営利組織独特のものを加え、一九九〇年『非営利組織の経営』を上梓した。

ここに詳しく論述することはできないが、マネジメント上も最も重要と思われるキーワードはミッションにフォーカスされる。非営利組織における事業展開は、独自の価値観・目的であるミッションによって他の組織と差別化され卓越した戦略として位置づけられ、その下に手段や手法としての戦術が構成される。人材活用においては、ミッションに共感するメンバーを誘引して組織への貢献を求める。非営利組織独自の成員であるボランティアは、企業が主な誘因として提供する給与などの物的なものには無関係な存在である。ミッションに対する貢献を最大のよろこびとして参加するのである。非営利組織の有給スタッフには当然物的誘因も重要であるが、ミッションに対する貢献のよろこびを大きな誘因として仕事を提供することが、企業のそれとは異なる効果を発揮する源泉となる。

このようにみるならば、非営利組織マネジメントは、信念としてのミッションを掲げ、事業展開や人材管理という基本軸においてミッションを独自の強みとして活かし、それによってミッション達成という成果を獲得するのである。非営利組織独特のマネジメントは、ミッション・ベイスト・マネジメント（ミッションを基軸としたマネジメント）と称してよいものである。

一一 経営者の正当性

市民が何らかの組織に参加することによって、所得や社会における位置づけ、安定が得られ、社会が組織によって機能するのであるとすれば、さまざまな組織をリードする経営者の役割と正当性が問われることになる。正当性の根拠は、自由と機能を同時的に実現する経営である。所有と経営は分離され、専門経営者が経営の支配権を有している。そうとすれば、経営者が所有に基づかず実態権力を行使することに正当性がなければならない。多元的組織社会においては、経営者こそが社会の指導者集団である。その経営の質によって社会や個人のありようが導かれていく。

先にも記述したが、再度その責任をまとめておく。経営者は第一に、組織が目指すべき業績をあげなければならない。行政、企業、非営利組織が、自らの役割に則して業績をあげなければならない。これが基本的な条件である。第二に、組織は統治的・社会的役割を担っている。参加するメンバーに達成意欲を与え強みを発揮させるとともに、組織における生活の質を提供しなければならない。それは、個人の機能に対する貢献のみならず、自由を実現させることが求められている。第三の役割は、社会一般や地域社会に貢献することが要請されている。社会に衝撃を与えないことはもちろん、積極的に社会的課題解決への貢献が目指されるべきである。

ドラッカーは『マネジメント』においてこの三つの責任を提示し、その「結論」として経営者の正当性を論じることによって大著を閉じている。自由にして機能する社会と個人、この終生変わらなかった経営哲学を堅持してそれに基づく成果をあげることをもって、多元的組織社会における指導者としての経営者たる正当性であると明示している。

二 個人としての生き方

個人は組織を通じて社会に貢献し、そこから果実を得る。社会は究極的には人間のものであって、個人のものである。そうとすれば社会や組織は個人によって規定されるべきものである。事実、企業業績は個人の欲求や選択によって規定され、行政は民主主義下において個人の選挙行動によって規定される。個人のありよう、生き方が組織や社会の質を決定していくともいいうる。個人がカリスマによって誘導され全体主義の危険が現実になったところからドラッカーの分析は出発したのであった。

ドラッカーは、社会問題を論じてきた。それは、いわば人間実存の表面にすぎず外皮にすぎないと告白している。しかしながら、第一章で論述したように、社会問題を論及するなかで、人間の精神、責任ある選択としての自由がその根底に据えられ、産業社会、多元的組織社会と移り行くなかでもその根底は揺らぐことはなかった。そのような経営哲学、人間実存の根底こそドラッカー経営学の凄さであり真価である。外皮と告白するが実はそのなかにしっかりとした芯が貫かれている。

そのように考えるとき、われわれはドラッカー経営学に導かれ個人としての実存にまで想いを馳《は》せ、自らのありよう、生きざまを点検することが必要なのかもしれない。かつてエコノミック・アニマルと揶揄《やゆ》され、会社人間として単眼的なありようを主としてきたことを省みつつ——それが驚異的な経済発展を支え、かつ企業がある種共同体の役割を果たしてきたのであるが——、多元的組織社会に生きる歩みを促されているのかもしれない。日本的経営の光の部分を活かし、多元的な組織に関わるなかで複眼的で主体的なありよう、生きざまを貫くことによって、次なる世界のモデル形成に貢献できるのかもしれない。世界から大切なものを集め統合して、グローバルな多元的組織社会の質を高め、人類が目指すべきモデルをさらに探求していくことがドラッカーからの遺言なのかもしれない。そのためには、その経営哲学を確認し、それに基づく知識を学び、「組織体がなにをするかということよりも、われわれがなにをするかにかかっている」責任を新たに認識したい。

自らの信条を形成したキルケゴールについて、ドラッカーは論文を次のように締めくくっている。「キルケゴールの信仰もまた、人に死ぬ覚悟を与えてくれる。しかし、それは同時に、人に生きる覚悟をも与えてくれるものである」と。ドラッカーに示唆を受け、それぞれに与えられた一回だけの人生のなかで、自由と機能に生きる覚悟を新たにしたいものである。

（島田　恒）

注

（1） Drucker, P. F., *The Age of Discontinuity*, Harper & Row, 1969.（林雄二郎訳『断絶の時代』ダイヤモンド社、

一九六九年、二二九頁。）

（2） Drucker, P. F., *Managing in the Next Society*, St. Martin's Press, 2002, pp. 149-150.（上田惇生訳『ネクスト・ソサエティ』ダイヤモンド社、二〇〇二年、二〇三―二〇四頁。）

（3） The Drucker Foundation, *The Community of the Future*, Jossey-Bass, 1998, p. 5.（加納明弘訳『未来社会への変革』フォレスト出版、一九九九年、二〇頁。）

あとがき――ドラッカー経営理論の意義――

一　研究課題と研究方法

社会の特定の職能を遂行する企業さらには各種の経営体の出現と発展は、それまで数世紀にわたって人びとに抱かれていた個人主義と全体主義の世界観・社会観・人間観をもはや通用させなくしてしまった。これらの考え方の限界を乗り越えて、経営体と人間と社会の相互影響的で相即的な発展を図っていくことが、ドラッカーの研究課題になった。ここにドラッカーのナチズム批判も活かされた。また、ドラッカーと基本的に同じ研究課題をもったものには、本叢書でとりあげられたバーナードのものがある。

企業をふくむ各種の経営体やそれに関連した目的・過程・概念は、内外の各種の諸要素・部分の相互作用によって具体的にできあがっていると捉えられるようになった。これは、それまでのデカルト的な要素還元的・分析的・抽象的な方法とは異なっている。これと同じ方法は、この叢書でとりあげられるバーナードや人間関係論者（レスリスバーガーなど）のものである。また、各種経営体は、現在から将来にかけて存続するために、現在における改善も将来に向けた革新も進めていかなければならなくなった。これは、一九七〇年前後に改善から革新にシフトしたアメリカの政策と違った。したがって、相互作用化・統合化・具体化、および改善と革新の同時的進行という方法が、ドラッカーの研究方法になった。これは伝統の維持・改善と急速な革新が相克的に進む具体的社会現象での行動を対象にした社会生態学と同じである（バジョット、フンボルト、ラドヴィッツ、シュタールを参照）。

二　独自の歴史観・社会観・人間観・経営体観にもとづく経営理論

一九世紀から二一世紀における歴史的変遷（その動因は主として経済的なものであったが、知識社会に向けては社会的要因も加わる）と各時代の人間モデルをドラッカーは提示し、各社会・時代にふさわしい経営理論を展開した。特に、一九九〇年代以降の移行期を経て二〇二〇年代以降に本格化する知識社会と教育人モデル（自分の専門分野や中身を他分野や一般人にも教え、それらの人びとによって吸収されることにもとづいて共通・一般知識化させて、自分やそれらの人びとが各専門知識の間の交流や刺激合いをはかることによって、革新の契機にさせる人）は注目される。

これらの社会は、人びとに地位と役割を与え自由で機能するものであり、そうあるべきだと、捉えられ、この巻の各章で示されてきた。さらに、知識社会あるいはその移行期においては、弱者や貧者には、人間的な生活を可能にする社会的な安全ネットを保障し、ただしそれを恒久的には支給せずに、自立を促し能力と責任も培うようにさせることが必要であるとされた。また、知識労働者には、就業先で専門能力と特性を適切に活用されつつ生活のための報酬を受けることに加えて、それも含む多くの能力と特性を非企業／非政府経営体（NPO／NGO）で活用され人間的で地域社会的な結びつきをもたらす生活も与えられるようにすることが必要とされ、これを社会も経営体も知識労働者も推進することが勧告された。したがって、ドラッカーの社会観に「生活も与える」ということが追加されることになった、と解釈される。

また、ドラッカーによって捉えられた人間は、キルケゴールをはじめとしたキリスト教的人間観にもとづくものである。塵《ちり》・芥《あくた》のごとく弱きものではあるが神により作られ、自由と責任をもって社会的な存在意義があるもの、と考えられた。それらの視点に応じてもそれぞれの経営理論が示された。

さらに、企業・行政府・NPO／NGOの各種経営体は、社会的存在として捉えられた。社会的諸職能のうちの一つが選択されて経営されるのが事業面である。事業面や経営面では適切な統治権限が必要である。経営体の内外に社会的な面がある。事業面・統治面・社会面には経済的配慮がされる。各面を以下において考察する（文眞堂から出版のドラッカー解釈の拙著二冊を参照のこと）。

三　経営体の事業面の提起

一九五四年著で企業における「事業の経営」、七四年著で経営体一般の「事業の経営」、が取り上げられるようになった。また、六四年著『創造する経営者』（原書の表題は『〔事業〕成果経営』）で事業面が単著として本格的に取り上げられるようになった（この巻の「まえがき」を参照）。翌年には、アンソフ（A. I. Ansoff）の事業戦略論・事業多角化論が出版された（これについては学界で大いに研究されたが、ドラッカーの前年著は当時十分に研究されなかったのは大いに問題であった。今でも)。ただし、日本の学界で事業論も研究していたのは、山本安次郎・元教授（その経営理論は本叢書の対象）お一人くらいであった。また、このころ日本企業の一部においては、単位事業の水準が欧米のものに追い着き追い越すようになって、新規単位事業や諸単位事業間の組合せの問題が取り上げられるようになってきていた。こうして、企業さらには経営体の経済的面から事業面が独立して研究されることになった、と解釈できる。その事業面の目的は顧客の創造とされたのである。

四　経営体にかかわる統治の諸問題

次に、統治面についてである。この巻の第二章で取り上げられた一九五〇年著では、限られた数の統治問題しか研究されなかったが、社会の代表的な権力機関（当時は企業）は正当でなければならないと主張されていた。それゆえ、統治面の目的は権限・権力の正当化であり、社会での権限・権力の適正な配分と、企業さらには経営体やそれらの経営者による正当な権限の保持と行使が取り上げられる、と解釈される。当時とその後の研究を合わせると、七つの統治問題をドラッカーが以下のように取り上げた、と理解できる。

うち三つは、社会との関係における経営体・経営者の権限・権力の正当化問題である。①社会に対し経営体を横暴にさせないコンプライアンス経営、②社会共通の善（例示：戦後の日本の復興、現在への適用的解釈：資源循環型社会など）への意識、③「人間の本性と成就」「人間の強みを活かす」という社会的根本信念の具現化、である。残り四つは、経営体における経営・経営者の権限・権力の正当化の問題である。④人的統治は、労働者に対する経営者と職場社会による二重的なものである（日本が実現化したとドラッカー自身が評価）。取締役会・理事会と最高経営者の統治面の適正化は、⑤最高経営者に対する株主（現在の主要株主は年金基金団体ととらえられた）・取締役会や理事会による他者統治、⑥諸利害関係者間の調整による経営体維持をめざす（破産法の企業更生で制度的に裏づけられてもいる）ように自らを律する最高経営者自身の自己統治、⑦取締役会・理事会と最高経営者が相互に影響しあい協力して全般経営・最高経営を適切に推進する協働統治、である。これらの多くはドラッカー独自なものである（なお、職場社会は他の章で工場共同体とも訳出）。

五　経営体の社会面たる社会的責任の諸問題

次に、社会面についてである。この巻の第二章で取り上げられた一九五〇年著では企業内の職場社会に限られてしか研究されていなかったが、五四年著では社会における経営者の責任が一般的に取り上げられるようになった。また、七四年著では、経営体三課題の一つとされ、社会的衝撃と社会問題がとりあげられるようになった。さらに九〇年代からは、次の新しい社会のための良い芽を育て、次の知識社会やそれと同時的に現れる社会的な諸特性を構築するという新しい社会的責任を、社会と経営体と経営者と知識労働者に対してドラッカーがそれぞれの著書において訴えるようになった、と解釈できる。

したがって、社会的制度面の目的は社会的な指導性発揮であり、社会的責任は、既存社会における、①経営体の社会的職能遂行の過程や結果が及ぼした社会的衝撃（特に悪い影響）の解決、②経営体が発生原因ではなく社会自身の機能不全や不十分により生じた社会問題の緩和や解決、さらに、③社会が変化し次の新しい社会に向けて、その萌芽が適切ならば育成し新社会を構築すること、である。①社会的衝撃の発見法は、技術事前評価制度ではなく革新衝撃監視制度である。①の解決法は(i)原因となっている活動の中止、①②③の解決法は、(ii)解決策の事業化、(iii)社会的（レベルでの）解決（討議・提案・規制等）、である。

個別の経営体や経営者の社会的責任は、社会的職能遂行能力・価値体系・権限の面から有限であるが、社会指導者やその一員としては、常に関心をもち社会的な討議・提案をすることで、責任は無限となっているのである。

ドラッカーは種々の問題を社会との関連で捉えているので、社会的経営責任問題についても、社会との関連でわれわれは解釈するのが適切であろう。各社会・各時代において、その良い特徴を経営体や人びとが生かし享受しつつ、他方において、同時に生じてしまう不健全な問題点、さらには、新社会の構築は、経営体や経営者や人びとがその社会的責任で各経営体や社会レベルにおいて解決していくというのが、その解釈なのである（拙著『コンプライアンス経営』中央経済社、を参照のこと）。

六　経営体の経済面

さらに、経済面についてである。その目的は現在および将来の内外の費用補償である。まず、マクロ経済（革新時代の成長経済、世界・地域・国民・ミクロの諸経済、市場経済、知識経済、情報経済、実物経済とシンボル経済、短期的な消費者利益と長期的な経済構造への関心）との関連で捉えた事業経済。また、資金問題は、昨日の事業・今日の事業・明日の事業に対応されており、されなければならない。費用論の中でfuture costsはドラッカー独自なものである。それは、社会における経営体の将来形成費用であり、事業継続費用、労働・年金継続費用、社会経済新陳代謝費用〔＝買収・合併・合弁経営体準備費用〕、当期用と将来用の社会費用の経営体負担分〔＝税と寄付〕に分けられる。それゆえ、非事業の社会面の費用には、道徳性の意味も含まれている。また、生産性、収益性（経営体形成費用も考慮）、価格についても論じられている。さらに、統治的経済は、経営体・経営者の統治諸問題に対する経済的配慮にかかわるものであり、例えば、寄付目的即応の資金運用の監視や、年金基金投資先の経営監査などである、と解釈される。社会的経済は、経営体・経営者の経営社会諸問題に対する経済的配慮にかかわるものであり、例えば、地球環境保全のための費用、各人に生活を与えて自由で機能し連帯・一体化する社会を構築するための費用、自己実現・理想追求のための諸資源の提供などである、と解釈する。以上のような経営体の内的・外的な事業・統治・社会的な諸経済を相互関連させた総合的・全般的な経営体経済の問題は、会計システムと経営データ処理システムの統合についての経済であり、非財務的・定性的データも含んだ〔含むべきである〕ものである、とドラッカーは主張したが、学史的には実践的にも理論的にも今後の課題である。

七　経営体における組織と管理・経営

ドラッカーは経営体の客観面と主体的・行動的な管理・経営面や組織面を必ずしも分けて考察してはいないが、われわれは、前者の経営体面を以上のように考察し、後者については以下で説明していくことにする。

以上に記述した経営体の各制度面に対応して事業組織・統治組織・社会組織・経済組織が考えられる。次に、これらを相互に関連させるものか関連させられたものが、全体としての経営組織なのである。さらに、組織全般に特有なものは、以下のものであると、われわれは解釈していくべきなのではなかろうか。①事業や経営の戦略や目標を達成するための、基幹活動、成果即応的貢献種類別活動、有機体観的に関係・位置づけられた諸活動（相互作用的な意思決定種類と関係）についての組織分析（従来の分析の問題点を克服）、②事業や経営に即した客観的・普遍的な仕事の組織、生産工程の組織、人間によって行われる労働の組織（労働において人間特性を活かし公式・非公式組織の特性を考慮した職務の拡大・充実化とその組織化）、③事業や経営の改善・革新・両者均衡のための各単位を総合した組織（one overall organization）、④各種の組織形態、⑤被傭者・起業家精神・ＩＴにより命令中心から情報中心の組織への移行、⑥若さの維持やスタッフ肥満とミドル肥大の防止の組織。

以上に記述した経営体の各制度面に対応して事業管理・統治管理・社会管理・経済管理が考えられ

る。次に、これらを相互に関連させるか、関連させられたものが、全体としての管理・経営なのである。さらに、管理・経営全般に特有なものは以下のものである。上述の管理職能を遂行し成果をあげるためには、それに必要な五要素を管理することを通して各種の総ての管理者・経営者を管理・経営することが望ましい。①産出物分析と仕事分析の考え方を適用した管理者・経営者時間の管理、②管理者・経営者態度（成果業績中心的・革新的・貢献的引責的・時相統合化的・状況統合化的な態度）、③管理・経営業務（目標設定と組織化と動機づけ・意思疎通と業績測定と人材育成の各内容・特性・能力）、④管理・経営の技能・技芸（経営管理的意思決定法〔日本式の決定すべき項目の決定から出発〕、情報とは相反や依存の関係にある管理・経営的意思疎通法〔人びとの間の同様な知覚を重視〕、会議運営法、報告書作成法、上司管理法〔上司に自分を理解させ上司の特性を活かして成果をあげさせること〕）、⑤各種管理用具・尺度を活用し将来の目的・期待に規範として方向づけるような管理・経営法。また、起業家社会・知識社会では知識や革新が重視されるので、継続学習・自己啓発のための自己管理が必要とされている。

八　経営学の特性

経営学の対象の定義は、組織社会では「共同の事業に対して自分の知識や技能や専心を自発的に貢献する人びとによって構成された全体としてのシステム」、知識社会では「多分野の知識労働者を糾合し、彼らの諸専門知識を共通の目標と成果に向けて適用するような集合体」とされている。これらはバーナードの組織の定義に似ている。これに関連した研究が経営学史的には今後必要になっていくことになるであろう。しかも、公式組織の定義は理論体系のなかで生かされなければならない。

経営学の基本的な概念は、経営体存続（経営目的）のための基本的な諸目標である。これらは、各種経営体すべてに一般的に適用され、個々の経営体に特有な戦略や均衡的目標群に応じるものである。

経営理論はその特性（①課題・②学問・③文化・④人間・⑤実践）に応じて叙述することが望ましいと理解できる。①たとえ特定のものの考察も、課題との関連で行う。②未知の分野への最初の接近法を採用し、新挑戦のための方針・原則・知識の探求・応用をめざして論述する。③経営の概念・用具・技法と社会・文化は相互関係にあるので、他者を知り自己を再認識するために世界各地の経営経験を例示する。④主要課題に取り組んだパイオニア的経営者を考察の対象にする。⑤高業績に関する知識と責任の両者を基礎にした経営実践を提言する。

経営学は、考察の対象にしている被造物たる人間・社会的世界・経営体が常に変化していることをわきまえて、すでに起こってしまっている変化・将来について、その定性的な変化の本質性・有意味性・機会性などを観察・識別・評価しなければならない。したがって経営学は、分析や知識を行動のための道具とし、また、精神という被造物の神聖性を信じなければならなく、また、経営学や経営のパラダイム・基本的仮説の変更の必要性を今後も常に検討・反省し続けていかなければならない、とされているのである。

（河野　大機）

『経営学史叢書　第Ⅹ巻　ドラッカー』執筆者

河野　大機（東洋大学　経営学史学会会員
巻責任編集者　まえがき・あとがき）
島田　恒（神戸学院大学　経営学史学会会員
第一章・第四章）
春日　賢（北海学園大学　経営学史学会会員
第二章）
松藤賢二郎（安田女子大学　経営学史学会会員
第三章）

経営学史叢書　X
ドラッカー

平成二四年五月三一日　第一版第一刷発行

検印省略

経営学史学会監修
編著者　河野大機
発行者　前野弘
東京都新宿区早稲田鶴巻町五三三
発行所　株式会社　文眞堂
〒一六二―〇〇四一
電話　〇三―三二〇二―八四八〇
FAX　〇三―三二〇三―二六三八
振替　〇〇一二〇―二―九六四三七番

印刷　モリモト印刷
製本　イマヰ製本所

http://www.bunshin-do.co.jp/

ISBN978-4-8309-4740-7　C3034

経営学史学会監修『経営学史叢書　全14巻』

第Ⅰ巻　テイラー
第Ⅱ巻　ファヨール
第Ⅲ巻　メイヨー＝レスリスバーガー
第Ⅳ巻　フォレット
第Ⅴ巻　バーリ＝ミーンズ
第Ⅵ巻　バーナード
第Ⅶ巻　サイモン
第Ⅷ巻　ウッドワード
第Ⅸ巻　アンソフ
第Ⅹ巻　ドラッカー
第Ⅺ巻　ニックリッシュ
第Ⅻ巻　グーテンベルク
第XIII巻　日本の経営学説Ⅰ
第XIV巻　日本の経営学説Ⅱ